8 M 6068

Paris
1889

Goethe, J. W.

Campagne de France

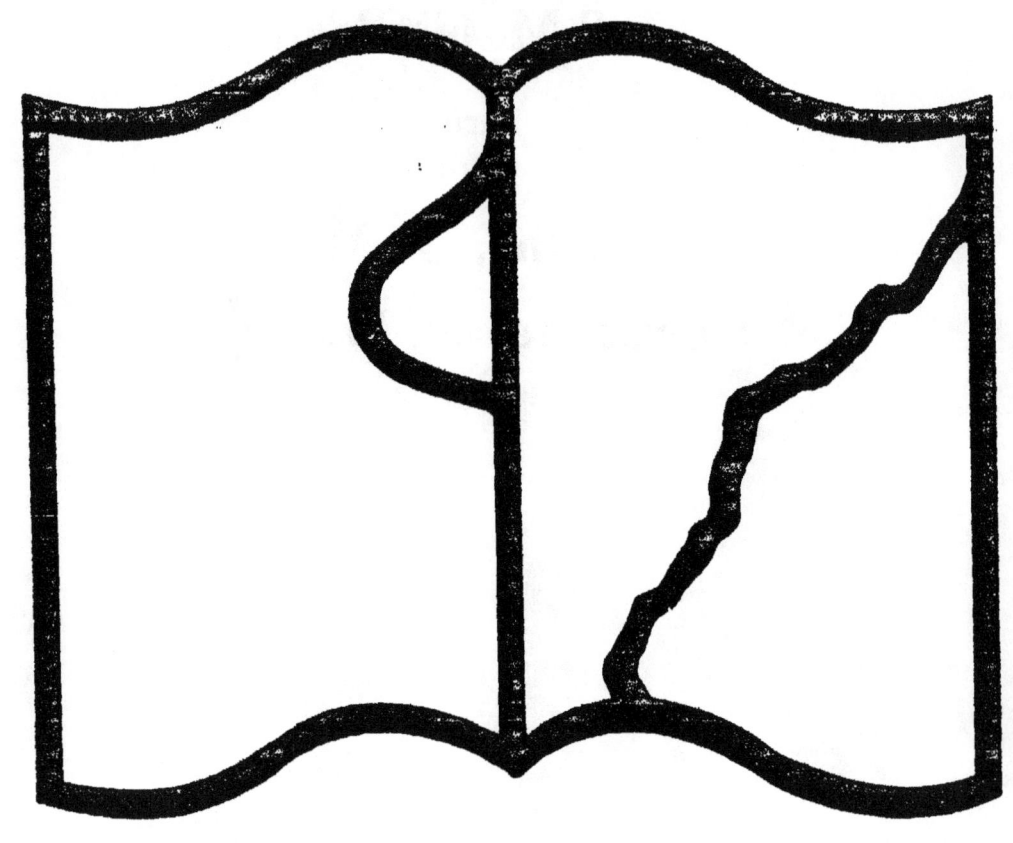

**Symbole applicable
pour tout, ou partie
des documents microfilmés**

Texte détérioré — reliure défectueuse

NF Z 43-120-11

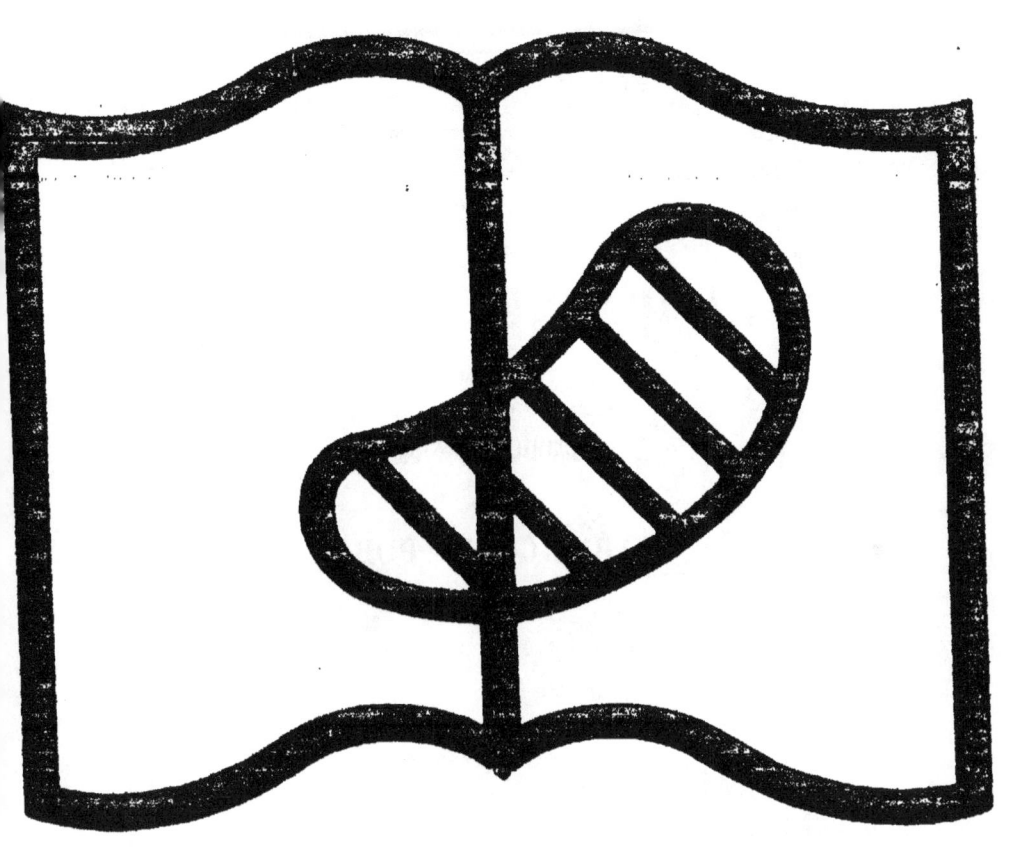

Symbole applicable
pour tout, ou partie
des documents microfilmés

Original illisible

NF Z 43-120-10

PRIX 2.00

GŒTHE

CAMPAGNE DE FRANCE

TRADUCTION FRANÇAISE

PAR JACQUES PORCHAT

PARIS
LIBRAIRIE HACHETTE ET Cie
79, BOULEVARD SAINT-GERMAIN, 79

CAMPAGNE DE FRANCE

A LA MÊME LIBRAIRIE

Gœthe. *Campagne de France.* Texte allemand, publié et annoté par M. B. Lévy. 1 vol. petit in-16, cartonné .... 1 fr. 50

Coulommiers. — Imp. P. Brodard et Gallois.

GŒTHE

CAMPAGNE DE FRANCE

TRADUCTION FRANÇAISE

PAR JACQUES PORCHAT

PARIS
LIBRAIRIE HACHETTE ET Cie
79, BOULEVARD SAINT-GERMAIN, 79

1889

CAMPAGNE DE FRANCE

Du 23 au 27 août 1792.

Aussitôt après mon arrivée à Mayence, j'allai rendre visite à M. de Stein l'aîné, chambellan et grand maître des eaux et forêts du roi de Prusse. M. de Stein était dans cette ville une sorte de résident, et il se signalait par sa haine pour tout ce qui était révolutionnaire. Il me traça en traits rapides les progrès qu'avaient faits jusqu'alors les armées alliées, et me donna des cartes tirées de l'atlas topographique de l'Allemagne, publiées par Jaeger à Francfort et intitulées *Théâtre de la guerre*.

A midi, je trouvai à sa table plusieurs dames françaises, qui étaient faites pour captiver mon attention. Une d'elles, qui passait pour être la maîtresse du duc d'Orléans, était une belle femme déjà d'un certain âge, à la contenance fière; les yeux, les sourcils et les cheveux d'un noir de corbeau; du reste, dans la conversation, affable et polie. Sa fille, jeune image de la mère, ne disait mot. En revanche, la princesse de Monaco, amie déclarée du prince de Condé, et l'ornement de

Chantilly dans ses beaux jours, se montrait éveillée et charmante. On ne pouvait rien voir de plus gracieux que cette svelte blondine, jeune, gaie, folâtre; pas un homme qui eût résisté à ses agaceries. Je l'observai avec une entière liberté d'esprit, et je fus bien surpris de rencontrer la vive et joyeuse Philine [1], que je ne m'attendais pas à trouver là. Elle ne paraissait point aussi agitée, aussi impatiente que le reste de la société, qui vivait dans l'espérance, le souci et l'angoisse. Les alliés venaient d'envahir la France. Longwy se rendrait-il d'abord ou opposerait-il de la résistance, les troupes républicaines se joindraient-elles aux alliés, et, comme on nous l'avait promis, chacun se déclarerait-il pour la bonne cause et rendrait-il nos progrès plus faciles? Tout cela tenait alors les esprits en suspens. On attendait des courriers. Les derniers n'avaient annoncé autre chose que la lenteur de la marche des alliés et les obstacles que présentaient les routes défoncées. Ces personnes n'en étaient que plus inquiètes et plus impatientes, ne pouvant dissimuler qu'elles devaient désirer de rentrer au plus tôt dans leur patrie, afin de profiter des assignats, invention de leurs ennemis, et de vivre à meilleur marché et plus commodément.

Je passai ensuite deux joyeuses soirées avec Sœmmering, Huber, Forster et d'autres amis. Je me retrouvais dans l'air de la patrie. La plupart étaient d'anciennes connaissances, d'anciens con-

[1]. Personnage des *Années d'apprentissage de Wilhelm Meister.*

disciples, qui se sentaient comme chez eux dans le voisinage de Francfort. La femme de Sœmmering était de cette ville. Tous connaissaient particulièrement ma mère; ils appréciaient ses originalités, répétaient plusieurs de ses mots heureux, ne se lassaient pas d'attester la grande ressemblance que j'avais avec elle par mon humeur gaie et ma parole vive. Tout cela provoquait, sollicitait ma confiance naturelle, accoutumée. La liberté d'un bienveillant badinage dans le domaine de la science nous mit de la plus joyeuse humeur. De politique, il n'en fut pas question : on sentait qu'on se devait des ménagements mutuels; ces messieurs ne dissimulaient pas tout à fait leurs sentiments républicains, mais ils voyaient que je courais joindre une armée qui devait couper court à ces sentiments et à leur influence.

Entre Mayence et Bingen, je fus témoin d'une scène qui me révéla d'abord l'esprit du jour. Notre léger équipage n'avait pas tardé à atteindre une voiture à quatre chevaux pesamment chargée. Le chemin creux, abîmé, montant, nous obligea de mettre pied à terre, et nous demandâmes aux postillons, descendus également, quels voyageurs cheminaient devant nous : le cocher de cette voiture répondit en jurant que c'étaient des Françaises, qui croyaient pouvoir se tirer d'affaire avec leur papier-monnaie, mais qu'il ne manquerait pas de verser à la première occasion. Nous lui reprochâmes ses sentiments haineux sans l'adoucir le moins du monde. Comme on avançait très lentement, je m'approchai de la portière et j'adressai aux dames quelques paroles obligeantes, ce qui éclaircit un peu un beau visage, que l'angoisse avait assombri.

Cette dame me confia aussitôt qu'elle allait rejoindre son mari à Trèves et qu'elle désirait rentrer de là en France le plus tôt possible. Comme je lui fis observer que cette démarche était fort précipitée, elle m'avoua que, outre l'espérance de retrouver son mari, la nécessité de vivre de son papier l'avait déterminée. Du reste, elle montrait une telle confiance dans les forces unies des Prussiens, des Autrichiens et des émigrés, que, le temps et le lieu l'eussent-ils permis, on aurait eu de la peine à la retenir.

Pendant notre conversation, un singulier incident se présenta. Par-dessus le chemin creux où nous étions engagés, on avait fait passer une conduite en bois, qui portait l'eau nécessaire sur la roue d'un moulin situé de l'autre côté. On aurait pu croire la hauteur de la charpente calculée au moins pour un char de foin; mais la voiture était tellement chargée par-dessus, et les boites et les caisses élevées en pyramides les unes sur les autres, que la conduite lui opposa un obstacle insurmontable.

Les postillons, se voyant arrêtés pour si longtemps, se mirent à jurer et à tempêter de plus belle; mais nous offrîmes poliment nos services pour décharger la voiture et la recharger de l'autre côté de la barrière ruisselante. La jeune et bonne dame, peu à peu rassurée, ne savait comment nous témoigner assez de reconnaissance, et sa confiance en nous s'accrut de plus en plus. Elle écrivit le nom de son mari et nous pria instamment, comme nous devions arriver à Trèves avant elle, de vouloir bien donner par écrit, à la porte de la ville, l'adresse de son mari. Avec toute notre bonne volonté, nous désespérions du succès, vu la grandeur de la ville, mais elle ne laissa pas de croire que nous pourrions réussir.

Arrivés à Trèves, nous trouvâmes la ville encombrée de troupes, embarrassée de voitures de toute sorte; on ne savait où se loger; les voitures stationnaient dans les places; les gens erraient dans les rues; la commission des logements, assiégée de toutes parts, ne savait où donner de la tête. Cependant une pareille confusion est comme une loterie : avec du bonheur on attrape un bon lot. M. de Fritsch, lieutenant du régiment de Weimar, me rencontra, et, après les salutations les plus amicales, il me conduisit chez un chanoine, dont la grande maison et la vaste remise offrirent à ma personne et à mon léger équipage un asile commode et hospitalier, où je trouvai d'abord tout le repos nécessaire. Ce jeune officier, que je connaissais et que j'aimais dès son enfance, avait reçu l'ordre de rester à Trèves avec un petit détachement, pour prendre soin des malades qu'on laissait en arrière, ramasser les maraudeurs qui suivaient l'armée, les bagages attardés, et les faire filer en avant. Je le rencontrai bien à propos; mais lui, il n'était pas satisfait de rester sur les derrières de l'armée, où un jeune et ardent officier comme lui pouvait espérer peu de bonnes chances.

Mon domestique eut à peine déballé le plus nécessaire qu'il me demanda la permission de faire le tour de la ville. Il revint tard, et, le lendemain, la même inquiétude le poussa hors de la maison.

Cette singulière conduite m'était inexplicable ; enfin je trouvai le mot de l'énigme : les belles Françaises ne l'avaient pas laissé indifférent; il les chercha soigneusement, et il eut le bonheur de les reconnaître, à la pyramide de boîtes, dans la grande place, au milieu de cent voitures, mais sans avoir pu découvrir le mari.

Sur la route de Trèves à Luxembourg, j'eus bientôt le plaisir de voir le monument qui se trouve près d'Igel. Je n'ignorais pas comme les anciens savaient placer heureusement leurs édifices et leurs monuments; j'écartai aussitôt par la pensée toutes les cabanes, et celui-ci me parut occuper une place digne de lui. Tout auprès coule la Moselle, qui reçoit vis-à-vis la Saar, affluent considérable; la courbure des rivières, les mouvements du terrain, une végétation luxuriante, donnent à ce lieu un aspect riant et de la grandeur. Le monument n'est autre chose qu'un obélisque avec des ornements de sculpture et d'architecture. Il s'élève à plusieurs étages, artistement posés les uns sur les autres, et surmontés d'une pointe ornée d'écailles imbriquées, qui se terminait par un globe, un aigle et un serpent. Il est à désirer qu'un ingénieur, amené et retenu peut-être quelque temps dans le pays par le cours de la guerre, veuille prendre la peine de mesurer le monument, et, s'il est dessinateur, nous conserve et nous donne les figures des quatre faces, telles qu'on les distingue encore.

Combien n'ai-je pas vu élever de mon temps de tristes obélisques dépourvus de figures, sans que personne ait songé à ce monument! A la vérité, il est déjà d'une époque ancienne, mais on y voit encore le désir et le goût de transmettre à la postérité l'image sensible de la personne avec tout son entourage et les témoignages de son activité. Là se voient en présence les uns des autres des parents et des enfants, réunis dans un banquet de famille. Mais, pour que le spectateur apprenne aussi d'où vient cette aisance, des chevaux chargés arrivent ; l'industrie et le commerce sont représentés de diverses manières. Ce sont en effet des commissaires des guerres qui ont élevé à eux-mêmes et aux leurs ce monument, pour témoigner qu'alors comme aujourd'hui on pouvait amasser dans ces fonctions assez de biens.

On avait construit toute cette pyramide avec de grands quartiers de grès, entassés bruts les uns sur les autres, et l'on y avait ensuite sculpté les figures comme sur un rocher. Si ce monument a résisté à l'action des siècles, on peut l'attribuer à une construction si solide.

Je ne pus me livrer longtemps à ces agréables et fécondes pensées, car, tout près de là, à Grevenmachern, le spectacle le plus moderne m'était préparé. Je trouvai là le corps des émigrés, qui se composait tout entier de nobles, la plupart chevaliers de Saint-Louis. Ils n'avaient ni domestiques ni palefreniers, et ils prenaient soin eux-mêmes de leurs personnes et de leurs chevaux. J'en ai vu plusieurs les mener à l'abreuvoir et les tenir devant la forge. Mais ce qui faisait le plus singulier contraste avec cette humble conduite, c'étaient les carrosses et les voitures de tout genre qui encombraient une grande prairie. Les émigrés étaient entrés en campagne avec leurs femmes et leurs maîtresses, leurs enfants et leurs parents, comme pour mettre en évidence la contradiction profonde de leur situation présente.

Obligé d'attendre pendant quelques heures en plein air des chevaux de poste, je pus faire encore une autre observation. J'étais assis devant la fenêtre de la maison, près de l'endroit où se trouvait la boîte dans laquelle on jette les lettres non affranchies. Je n'ai jamais vu une telle presse. Les lettres y tombaient par centaines. L'immense désir de rentrer dans la patrie avec son corps, son esprit et son âme, de s'y précipiter comme un torrent par la digue entr'ouverte, ne pouvait se produire d'une manière plus vive et plus pressante.

Pour passer le temps et m'amuser à découvrir ou à supposer les secrets, je me demandai ce que pouvait contenir cette foule de lettres. Je croyais deviner une amante, qui exprimait avec passion et douleur, de la manière la plus vive, le tourment de l'absence et de la séparation; un ami dans la dernière détresse, qui demandait à son ami quelque argent; des femmes exilées avec leurs enfants et leurs domestiques, et qui n'avaient plus au fond de leur bourse que quelques pièces d'argent; de chauds partisans des princes, qui, ayant les meilleures espérances, se communiquaient à l'envi leur joie et leur courage; d'autres, qui prévoyaient le mal de loin et déploraient la perte imminente de leurs biens. Et je ne crois pas avoir mal deviné.

Je dus plusieurs éclaircissements au maître de

poste, qui, pour calmer mon impatience, en attendant l'arrivée des chevaux, cherchait à me distraire. Il me montra diverses lettres timbrées de pays étrangers, qui devaient maintenant courir à la recherche des gens déjà passés ou en route. La France était ainsi assiégée de malheureux sur toutes ses frontières, depuis Anvers jusqu'à Nice. De leur côté, les armées françaises étaient prêtes pour la défense et pour l'attaque. Il fit plusieurs observations inquiétantes; la situation lui paraissait du moins fort douteuse. Comme je me montrais moins furieux que d'autres qui se précipitaient sur la France, il me prit bientôt pour un républicain et montra plus de confiance. Il me fit considérer tout ce que les Prussiens avaient eu à souffrir du temps et des chemins par Coblentz et par Trèves, et me fit une affreuse description de l'état dans lequel je trouverais le camp aux environs de Longwy. Il était bien informé de tout, et ne semblait pas répugner à informer les autres. Enfin il fixa mon attention sur la conduite des Prussiens, qui, à leur entrée, avaient pillé des villages inoffensifs et paisibles, qu'il fallût accuser de ces désordres la troupe ou les goujats et les traînards : on avait fait mine de les punir, mais les populations étaient profondément irritées.

Cela me fit souvenir de ce général de la guerre de Trente ans, à qui l'on se plaignait hautement de la conduite hostile de ses troupes en pays ami, et qui répondit : « Je ne puis transporter mon armée dans un sac. »

Mais je pus remarquer en général que nos derrières n'étaient pas bien assurés.

Je laissai sur la droite, à quelque distance, Longwy, dont la conquête m'avait été pompeusement annoncée en chemin, et j'arrivai le 27 août après midi au camp de Brocourt. Établi dans une plaine, il pouvait être embrassé d'un coup d'œil, mais on n'y arrivait pas sans difficulté. Le sol humide, effondré, arrêtait les chevaux et les voitures. On était d'ailleurs surpris de ne rencontrer ni gardes ni postes, ni personne qui demandât les passeports et auprès de qui l'on aurait pu soi-même prendre quelques informations. Nous passâmes à travers un désert de tentes, car chacun s'était blotti sous la toile, pour chercher un misérable abri contre un temps effroyable. Nous eûmes beaucoup de peine à nous faire indiquer la place où nous pourrions trouver le régiment du duc de Weimar. Nous y arrivâmes enfin, nous vîmes des figures connues et nous reçûmes le meilleur accueil des amis dont nous allions partager les souffrances. Le conseiller Wagner et son caniche noir furent les premiers qui me saluèrent; tous deux reconnurent un ancien camarade, qui allait traverser encore avec eux une époque difficile. J'appris en même temps un accident regrettable. Amarante, cheval favori du prince, était tombé mort la veille, après avoir poussé un horrible cri.

Je dus bientôt voir et me convaincre que la situation du camp était beaucoup plus fâcheuse encore que le maître de poste ne me l'avait annoncé. Qu'on se représente une plaine au pied d'une colline à pente douce; un fossé, creusé de temps immémorial, devait détourner l'eau des champs et des prairies ; mais ce fossé fut bientôt le réceptacle de tous les immondices, de tous les débris ; l'écoulement fut arrêté ; de violentes averses rompirent la digue pendant la nuit et amenèrent sous les tentes les plus affreuses ordures. Les boyaux, les ossements, tout ce que les bouchers avaient rejeté, était entraîné dans les lits, d'ailleurs humides et mauvais.

On devait aussi me dresser une tente, mais je préférai passer le jour chez mes amis et mes connaissances et me retirer la nuit dans la grande dormeuse dont le confort m'était connu depuis longtemps. Elle n'était qu'à trente pas des tentes, et pourtant, chose étrange, elle resta tellement inabordable que, pour y entrer le soir et pour en sortir le matin, des porteurs m'étaient nécessaires.

28 et 29 août 1792.

C'est dans une position si singulière que je vis luire cette fois mon jour de naissance. Nous montâmes à cheval et nous nous rendîmes à la forteresse conquise. Cette petite ville, bien bâtie, est située sur une colline. Mon intention était d'acheter de grandes couvertures de laine, et nous entrâmes d'abord dans une boutique, où nous trouvâmes la mère et la fille, personnes agréables et jolies. Nous marchandâmes peu, nous payâmes bien, et nous fûmes aussi aimables que pouvaient l'être des Allemands « sans tournure ».

La maison, pendant le bombardement, avait couru de singuliers hasards. Plusieurs grenades étaient tombées les unes après les autres dans la chambre commune. On s'échappa; la mère arracha un enfant de son berceau et s'enfuit : à ce moment, une grenade encore perce les coussins où l'enfant avait reposé. Heureusement, aucune n'avait éclaté; elles avaient brisé les meubles, grillé la boiserie, et tout s'était passé sans autre dommage; aucun boulet n'avait pénétré dans la boutique.

Que le patriotisme des habitants de Longwy ne fût pas trop robuste, on avait pu le voir en ce que la bourgeoisie avait très vite forcé le commandant de rendre la place. A peine avions-nous fait un pas hors du magasin, que la discorde intestine des bourgeois nous apparut assez clairement. Des royalistes, et par conséquent nos amis, qui avaient amené la prompte reddition de Longwy, s'affligèrent que le hasard nous eût conduits dans ce magasin, et que nous eussions fait gagner tant de bel argent au plus mauvais de tous les jacobins, qui ne valait rien, non plus que toute sa famille. On nous détourna de même d'entrer dans une auberge splendide, et l'on nous fit même entendre qu'il fallait se défier des aliments. On nous indiqua en même temps une auberge plus modeste, mais sûre, où nous trouvâmes en effet un gracieux accueil et un dîner passable.

Nous étions donc réunis joyeusement et familièrement autour de la même table, tous anciens camarades de guerre et de garnison : c'étaient les officiers du régiment réunis avec les hommes attachés à la cour, à la maison et à la chancellerie du prince. On s'entretint des derniers événements : combien le commencement de mai avait été marquant et animé à Aschersleben, quand les régiments avaient reçu l'ordre de se tenir prêts à marcher ; que le duc de Brunswick et plusieurs autres grands personnages y avaient paru ; on ne manqua pas de citer le marquis de Bouillé comme un étranger considérable, qui prenait aux opérations une part essentielle. Aussitôt que ce nom vint aux oreilles de l'hôte, fort attentif à notre conversation, il nous demanda avec empressement si nous connaissions ce seigneur : la plupart purent lui répondre affirmativement, sur quoi il nous témoigna beaucoup de respect et fonda de grandes espérances sur la coopération de cet homme actif et distingué. Il semblait même que depuis ce moment nous fussions mieux servis.

Comme nous étions là tous gens dévoués de corps et d'âme à un prince qui avait déployé de grandes qualités, depuis nombre d'années qu'il régnait, et qui allait faire maintenant ses preuves dans la guerre, à laquelle il s'était voué dès sa jeunesse, selon la bonne coutume allemande, nous choquâmes les verres et nous bûmes à sa santé et à celle de sa famille, particulièrement à celle du prince Bernard, chez qui, peu de temps avant qu'on se mît en marche, le colonel de Weyrach avait rempli l'office de parrain comme délégué du régiment.

Chacun avait à conter mille choses sur la marche même, comme quoi, laissant le Harz à gauche et passant près de Goslar, on était arrivé à Nordheim par Gœttingen ; on contait ensuite les bons et les mauvais cantonnements, les hôtes grossiers et malhonnêtes, polis et mécontents, hypocondres aux manières aimables; on disait les couvents de nonnes, les chemins et le temps tour à tour bons et mauvais. De là on s'était avancé jusqu'à Coblenz par les frontières orientales de Westphalie. On passait en revue les jolies femmes; puis c'étaient des histoires de prêtres bizarres, d'amis rencontrés à l'improviste, de roues brisées et de voitures versées.

A partir de Coblenz, on se plaignait des contrées montueuses, des chemins pénibles et de diverses souffrances, et, après s'être quelque peu oublié dans le passé, on approchait toujours plus de la réalité; l'entrée en France, par un temps effroyable, fut présentée sous les plus tristes couleurs et comme un digne prélude de la situation que nous pouvions prévoir en retournant au camp. Toutefois, dans une pareille société, on s'encourage l'un l'autre; et moi, en particulier, je me tranquillisais à la vue des précieuses couvertures de laine que mon palefrenier avait empaquetées.

Le soir, je trouvai au camp dans la grande tente la meilleure société. Elle y était restée réunie, parce qu'on ne pouvait mettre le pied dehors. Tout le monde était plein de courage et de confiance. La prompte reddition de Longwy confirmait la promesse des émigrés. On serait reçu partout à bras ouverts, et la grande entreprise ne semblait rencontrer d'autre obstacle que le mauvais temps. La haine et le mépris pour la France révolutionnaire, exprimés dans le manifeste du duc de Brunswick, se montraient sans exception chez les Prussiens, les Autrichiens et les émigrés.

Et certes, pour s'en tenir à ce qui était avéré, il paraissait qu'un peuple désuni à ce point, divisé en partis, profondément bouleversé, éparpillé, ne pouvait résister à la haute unité de vue des nobles alliés. Et puis on avait déjà des exploits à conter. Dès notre entrée en France, cinq escadrons de hussards de Wolfrat, qui faisaient une reconnaissance, avaient rencontré mille chasseurs venus de Sedan pour observer notre marche. Les nôtres, bien conduits, attaquèrent, et, comme les ennemis se défendaient vaillamment, qu'ils ne voulaient point accepter de quartier, il y eut un affreux carnage, où nous eûmes le dessus, nous fîmes des prisonniers, nous prîmes des chevaux, des carabines et des sabres, si bien que ce prélude éleva l'esprit guerrier, fortifia l'espoir et la confiance.

Le 29 août, on leva le camp et l'on se dégagea lentement et non sans peine de ces flots de terre et d'eau qui formaient une épaisse boue. Comment tenir un peu proprement les tentes, les bagages, les équipements, quand il ne se trouvait pas une place sèche où l'on pût mettre en ordre et étendre ses effets?

Cependant l'attention avec laquelle les chefs conduisirent cette marche nous donna une nouvelle confiance. Il était sévèrement ordonné aux voitures, sans aucune exception, de suivre la colonne; le chef du régiment était seul autorisé à faire passer une chaise devant sa troupe. Aussi avais-je l'avantage de cheminer pour cette fois à la tête du corps d'armée dans ma légère calèche. Les deux chefs (le roi [1] et le duc de Brunswick) s'étaient postés avec leur escorte à l'endroit où tout devait défiler devant eux. Je les vis de loin, et, quand nous arrivâmes, Sa Majesté s'approcha à cheval de ma calèche et demanda avec sa manière laconique : « A qui la voiture! » Je répondis en élevant la voix : « Au duc de Weimar! » Et nous passâmes. Peu de gens se sont vus arrêtés par un plus noble visiteur.

En avançant, nous trouvâmes çà et là les chemins un peu meilleurs. Dans une singulière contrée, où les vallées et les collines alternaient, la terre me parut assez essuyée pour qu'on pût se tenir commodément à cheval. Je me jetai en selle, et je continuai la route plus gaiement et avec plus de liberté. Le régiment avait le pas sur toute l'armée : nous pouvions donc être toujours en avant et échapper tout à fait au mouvement incommode de la troupe.

Nous quittâmes la grand'route et nous traversâmes Arancy, où l'abbaye de Châtillon, propriété ecclésiastique qu'on avait vendue, nous offrit au passage, avec ses murs à moitié renversés et détruits, un premier indice de la Révolution.

Nous vîmes ensuite Sa Majesté galopant par monts et par vaux, accompagnée de son cortège, comme le noyau d'une comète suivie de sa longue queue. A peine ce phénomène avait-il passé devant nous avec la vitesse de l'éclair, qu'un second vint d'un autre côté couronner la colline ou remplir la vallée : c'était le duc de Brunswick, qui entraînait avec et

---

[1]. Le roi de Prusse.

après lui des éléments du même genre. Plus disposés à observer qu'à juger, nous fûmes toutefois conduits à nous demander laquelle de ces deux puissances était effectivement supérieure à l'autre, laquelle déciderait dans les cas douteux. Questions non résolues, qui ne nous laissaient qu'incertitude et souci. C'était là un sujet de réflexions d'autant plus sérieuses, qu'on voyait les deux chefs chevaucher hardiment dans un pays où vraisemblablement un ennemi mortel pouvait les épier de chaque buisson. Mais nous devions convenir que de tout temps l'audacieux oubli du danger personnel avait donné la victoire et assuré l'empire.

Le ciel était couvert, mais un soleil brûlant perçait les nues; les voitures avançaient péniblement sur le sol défoncé; les roues des voitures et des canons se brisaient et causaient bien des retards; on voyait çà et là des fantassins harassés, qui ne pouvaient déjà plus se traîner. On entendait la canonnade de Thionville, et l'on faisait des vœux pour l'heureux succès des alliés.

Le soir, nous nous reposâmes au camp de Pillon. Nous nous installâmes dans une riante clairière. Déjà l'ombre nous donnait de la fraicheur; on avait assez de broussailles pour faire la cuisine; un ruisseau coulait auprès et formait deux bassins limpides, qui allaient être aussitôt troublés par les gens et les bêtes. J'en laissai un libre, mais je défendis l'autre vivement, et le fis tout de suite entourer de pieux et de cordes. La chose ne se passa point sans réclamations bruyantes. Un de nos cavaliers dit à un autre, tranquillement occupé à nettoyer son fourniment : « Qui donc est celui-là qui fait ainsi l'important? — Je ne sais, répondit-il, mais il a raison. »

Les Prussiens, les Autrichiens et une partie de la France venaient donc porter la guerre sur le territoire français. En vertu de quel pouvoir le faisaient-ils? Ils pouvaient le faire en leur propre nom : la guerre avait été déclarée à une partie d'entre eux ; leur alliance n'était pas un secret. Mais on avait trouvé encore un prétexte. Ils se levaient au nom de Louis XVI. Ils ne faisaient pas des réquisitions, mais des emprunts forcés. On avait fait imprimer des bons que le commandant signait, mais que le porteur remplissait à son gré. Louis XVI payerait tout. Après le manifeste, cette façon d'agir est peut-être ce qui a le plus exaspéré le peuple contre la royauté. J'ai été moi-même témoin d'une scène de ce genre, que son caractère éminemment tragique a gravée dans ma mémoire. Plusieurs bergers avaient rassemblé leurs troupeaux pour les cacher dans les bois ou dans des lieux écartés : surpris par des patrouilles alertes et amenés à l'armée, ils se virent d'abord amicalement reçus. On demanda les différents possesseurs ; on sépara et l'on compta les troupeaux. Le souci et la crainte, toutefois avec quelque espérance, paraissaient sur la figure de ces braves gens. Mais lorsque, pour conclusion de tout cela, on partagea les troupeaux entre les régiments et les compagnies, et qu'on présenta très poliment aux bergers des traites sur Louis XVI, tandis que leurs nourrissons laineux étaient égorgés à leurs pieds par les soldats impatients de manger de la chair, j'avoue n'avoir peut-être jamais vu, jamais imaginé une scène plus cruelle ni une douleur plus profonde et plus mâle dans toutes ses nuances. Les tragédies grecques offrent seules des choses aussi simples et aussi profondément saisissantes.

Du 30 août au 2 septembre 1792.

Nous nous promettions que ce jour, qui devait nous amener devant Verdun, serait fertile en aventures, et elles ne nous ont pas manqué. La route, montueuse, était déjà plus sèche; les voitures cheminaient avec moins de difficulté; les cavaliers étaient plus lestes et contents.

Il s'était formé par hasard une joyeuse société qui, étant bien montée, s'avança jusqu'à ce qu'elle atteignît une troupe de hussards, qui formait proprement l'avant-garde du corps d'armée. Le commandant, homme posé et d'âge respectable, parut ne pas voir notre arrivée avec plaisir. On lui avait recommandé l'attention la plus sévère; il fallait procéder en tout avec prudence, et passer sagement sur tout incident désagréable. Il avait divisé ses gens selon les règles de l'art; ils avançaient isolément à une certaine distance les uns des autres, et tout se passait avec beaucoup d'ordre et de tranquillité. Le pays était désert, et cette grande solitude donnait à penser. Montant, descendant les collines, nous avions traversé Mangienne, Damvilliers, Vauville et Ormont, lorsque, sur une hauteur, d'où l'on avait une belle vue, une détonation se fit entendre à droite dans les vignes. Les hussards y coururent, pour fouiller dans les environs, et ils amenèrent en effet un homme barbu, aux cheveux noirs, qui avait l'air assez sauvage et sur lequel on avait trouvé un mauvais pistolet. Il dit hardiment qu'il chassait les oiseaux de sa vigne et qu'il ne faisait de mal à personne. Le commandant, après un moment de silence et de réflexion, pendant lequel il parut combiner ce cas avec ses instructions modérées, relâcha le prisonnier menacé, en lui donnant quelques coups de plat de sabre, sur quoi le gaillard s'enfuit si précipitamment, que nos gens lui ayant jeté son chapeau en poussant des cris de joie, il ne sentit pas la moindre envie de le reprendre.

La troupe avançait, nous nous entretenions des incidents et de tout ce qu'on pouvait attendre. Il faut remarquer que notre petite société, telle qu'elle s'était jointe aux hussards, s'était formée à l'aventure des éléments les plus hétérogènes; la plupart étaient des hommes d'un sens droit, livrés au moment, chacun à sa manière. Mais il en est un que je dois distinguer, un homme très estimable, tel qu'on en rencontrait souvent à cette époque dans l'armée prussienne, d'une culture plus esthétique que philosophique, sérieux, avec une certaine humeur hypocondre, silencieux, concentré, et disposé, avec une ardeur délicate, à faire le bien. Comme nous avancions de la sorte, nous eûmes une rencontre aussi singulière qu'agréable. Deux hussards remontaient de notre côté la montagne, amenant une petite charrette à deux roues, attelée d'un seul cheval, et, quand nous demandâmes ce qui pouvait se trouver sous la bâche, nous vîmes un petit garçon de douze ans qui conduisait le cheval, et, dans un coin, une jeune fille ou femme merveilleusement belle, qui se pencha en avant pour regarder les nombreux cavaliers dont sa petite voiture était entourée. Nul ne resta indifférent, mais nous dûmes laisser le soin de s'employer pour la belle à notre sensible ami, qui, dès l'instant où il eut considéré de près l'équipage en détresse, se sentit pressé irrésistiblement de le secourir. Nous nous retirâmes à l'arrière-plan, tandis qu'il s'informait exactement des circonstances. Il se trouva que la jeune personne, habitante de Samognieux, ayant voulu fuir le danger en se retirant à l'écart chez des amis plus éloignés, s'était justement jetée dans la gueule du loup; car, dans ces moments d'angoisse, l'homme croit qu'il sera mieux partout ailleurs que là où il est. Nous assurâmes tous, du ton le plus amical, à la jeune personne qu'elle ferait bien de s'en retourner. Notre commandant, qui avait d'abord soupçonné là-dessous un espionnage, se laissa enfin persuader par la chaude rhétorique de l'honnête officier, qui la ramena un peu rassurée, deux hussards à ses côtés, dans le lieu de son domicile. Nous y passâmes bientôt après, avec un ordre et une discipline irréprochables, et la belle, debout sur un petit mur, au milieu des siens, nous salua gracieusement et pleine d'espérance, parce que la première aventure avait si bien fini.

Il se rencontre au milieu des expéditions militaires de pareilles pauses, pendant lesquelles on cherche à inspirer la confiance en observant momentanément une sévère discipline, et l'on établit une sorte de paix légale au milieu du désordre. Ces moments sont précieux pour les bourgeois et les paysans, et pour tout homme à qui les longues calamités de la guerre n'ont pas ravi encore toute croyance à l'humanité.

On établit un camp en deçà de Verdun, et l'on compta sur quelques jours de repos.

Le matin du 31, j'étais dans la dormeuse, la couche assurément la plus sèche, la plus chaude et la plus confortable; j'étais à demi réveillé, lorsque j'entendis quelque bruit dans les rideaux de cuir, et, en les ouvrant, je vis le duc de Weimar qui me présentait un étranger inattendu. Je reconnus aussitôt l'aventureux Grothhus, qui, ne répugnant point à jouer encore ici son rôle de partisan, était arrivé pour se charger de la mission délicate de porter à Verdun une sommation. Il venait en conséquence demander à notre prince un trompette-major. L'homme qu'on lui donna, fier d'une distinction si particulière, fut bientôt prêt à le suivre. Cette rencontre fut des plus gaies pour deux amis qui n'avaient pas oublié leurs anciennes folies. Grothhus courut ensuite remplir sa mission, qui devint plus tard le sujet de mille plaisanteries. On se racontait comme quoi il s'était avancé à cheval par la grand'route, le trompette devant lui et deux hussards derrière; comme les gens de Verdun, en véritables sans-culottes, ignorant ou méprisant le droit des gens, lui avaient tiré des coups de canon; comme il avait attaché à la trompette un mouchoir blanc et donné l'ordre de sonner toujours plus fort; comme un détachement était venu le chercher et l'avait conduit seul dans la place les yeux bandés; comme il y avait tenu de beaux discours, mais sans produire aucun effet; et que sais-je encore tout ce qui fut dit pour amoindrir le service rendu et rabaisser l'auteur de l'entreprise?

La forteresse ayant refusé, comme il fallait s'y attendre, de se rendre à la première sommation, on dut se disposer au bombardement. Le jour s'écoula, et cependant je pris encore une petite précaution dont je ressens jusqu'à ce jour les heureux effets. J'ai dit que M. de Stein m'avait donné l'atlas de Jaeger, qui présentait le théâtre actuel de la guerre et même aussi celui où l'on espérait qu'elle serait bientôt portée. Je pris une de ces feuilles, la quarante-huitième, dans les limites de laquelle j'étais entré près de Longwy, et, comme il se trouvait parmi les gens du duc une sorte de factotum, je lui fis couper et entoiler cette carte, qui sert encore aujourd'hui à me rappeler des jours si mémorables pour le monde et pour moi.

Après avoir pris ces précautions pour le présent et pour l'avenir, je jetai les yeux autour de moi sur la prairie où nous étions campés, et d'où les tentes se déployaient jusqu'aux collines. Un singulier spectacle attira mon attention sur le grand tapis vert : un certain nombre de soldats s'étaient formés en cercle, et quelque chose les occupait dans l'intérieur. En les observant de plus près, je vis qu'ils étaient rangés autour d'un éboulis en forme d'entonnoir, plein d'une eau transparente, et dont l'ouverture pouvait avoir trente pieds de diamètre. Là se trouvaient d'innombrables petits poissons que les soldats pêchaient à la ligne, ayant apporté dans leurs sacs les engins nécessaires. L'eau était la plus transparente du monde et la pêche assez amusante. En l'observant, je ne tardai pas à remarquer que les poissons, dans leurs mouvements, reflétaient diverses couleurs. Au premier moment, je pris ce phénomène pour les couleurs changeantes de ces petits corps mobiles, mais j'en eus bientôt l'heureuse explication. Il était tombé dans l'entonnoir un débris de poterie, qui me présenta du fond les plus belles couleurs prismatiques. Plus clairs que le fond, rayonnant vers mon œil, se montraient sur le bord opposé à moi les couleurs bleue et violette, et, sur le bord placé de mon côté, le rouge et le jaune. Là-dessus, ayant fait le tour de la source, je vis le phénomène me suivre, comme il est naturel dans ces expériences objectives, et, par rapport à moi, les couleurs parurent toujours les mêmes.

Occupé avec passion de ces objets, j'éprouvai la plus grande joie à voir là sous le ciel, d'une manière si vive et si naturelle, le phénomène pour lequel, depuis près de cent ans, les professeurs de physique s'enfermaient avec leurs élèves dans une chambre obscure. Je me procurai encore quelques morceaux de vaisselle, que je jetai dans l'eau, et je pus très bien observer que le phénomène commençait très vite sous la surface de l'eau, qu'il devenait plus apparent à mesure que le débris s'enfonçait, et qu'enfin, devenu un petit corps blanc, saturé de couleur, il arrivait au fond sous l'aspect d'une petite flamme. Sur quoi je me souvins qu'Agricola fait déjà mention de ce phénomène et qu'il était disposé à le ranger parmi les phénomènes ignés.

En sortant de table, nous montâmes sur la colline qui cachait à nos tentes la vue de Verdun, et, comme ville, nous la trouvâmes très agréablement située. Elle est entourée de prairies et de jardins, dans une plaine riante que traverse la Meuse, divisée en plusieurs bras, entre des collines rapprochées et lointaines; mais, comme place forte, elle est exposée de tous côtés au bombardement. L'après-midi se passa à dresser les batteries, la ville ayant refusé de se rendre. Cependant, nous l'observâmes avec de bonnes lunettes, et nous pûmes très bien distinguer ce qui se passait sur le rempart en face de nous, le peuple allant et venant, et qui paraissait très occupé à une certaine place.

Le bombardement commença à minuit, soit de la batterie établie sur notre rive droite, soit de celle de la rive gauche, qui, étant plus proche et lançant des fusées incendiaires, produisit les plus grands effets. Il fallait voir ces météores ignés, chevelus, passer doucement dans l'air, et, bientôt après, s'embraser un quartier de la ville. Nos lunettes, dirigées sur ce point, nous permirent encore d'observer en détail ce désastre; nous pouvions distinguer les hommes qui, montés sur les murs, faisaient les plus grands efforts pour arrêter l'incendie; nous pouvions observer et distinguer les chevrons dégarnis et croulants. Tout cela se passait au milieu d'un groupe de personnes connues et inconnues, et provoquait des réflexions étranges, souvent contradictoires, et l'expression des sentiments les plus divers. J'étais entré dans une batterie en pleine activité, mais les détonations effroyables des obusiers faisaient trop souffrir mes oreilles pacifiques, et je dus bientôt m'éloigner. Je rencontrai le prince de Reuss XIII, qui m'avait toujours témoigné de la bienveillance. Nous nous promenâmes derrière des murs de vignes, qui nous protégeaient contre les boulets que les assiégés nous envoyaient assez diligemment. Après diverses considérations politiques, qui nous égarèrent dans un labyrinthe de soucis et d'espérances, le prince me demanda de quoi je m'occupais alors, et il fut très surpris de ce qu'au lieu de lui parler de romans et de tragédies, animé par le phénomène de réfraction qui m'avait frappé ce jour-là, je commençai à l'entretenir avec une grande vivacité de la théorie des couleurs. Car il en était de ces développements de phénomènes naturels comme de mes poèmes : je ne les faisais pas, c'étaient eux qui me faisaient. Une fois en verve, je poursuivis mon exposition, sans me laisser troubler le moins du monde par les boulets et les bombes incendiaires. Le prince me demanda de lui expliquer comment j'étais entré dans ce domaine. L'incident du jour vint fort à propos à mon secours.

Il n'était pas besoin de beaucoup de paroles pour faire comprendre à un tel homme qu'un ami de la nature, qui vit presque toujours en plein air, dans son jardin, à la chasse, en voyage, en campagne, trouve assez d'occasions et de loisir pour l'observer en grand et se familiariser avec les phénomènes de tout genre. Or l'atmosphère, les vapeurs, la pluie, l'eau et la terre nous offrent incessamment des teintes changeantes, et dans des conditions et des circonstances si diverses, qu'on doit désirer d'apprendre à les connaître d'une manière plus précise, de les diviser, de les réduire à certaines catégories, de rechercher leurs affinités prochaines et éloignées. Par là, on acquiert dans chaque art de nouvelles vues, différentes de la doctrine des écoles et des traditions imprimées. Nos pères, doués d'une admirable faculté sensitive, avaient très bien vu, mais ils n'avaient ni poursuivi ni complété leurs observations, et surtout ils n'avaient point réussi à coordonner et classer les phénomènes.

Voilà les sujets dont nous étions occupés en nous promenant sur le gazon humide. Excité par les questions et les objections, j'exposais mes idées quand la fraîcheur du matin nous poussa vers un bivouac autrichien, dont le feu, entretenu toute la nuit, offrait un énorme et salutaire brasier. Pénétré de mon sujet, dont je m'occupais depuis deux ans à peine, et qui fermentait encore dans ma tête, comme une chose nouvelle et non mûrie, j'aurais pu dire à peine que le prince m'eût écouté, s'il n'avait fait incidemment quelques réflexions ingénieuses, et, pour conclure, résumé mon exposition en m'adressant des paroles encourageantes.

J'ai toujours observé que les hommes pratiques et les gens du monde, devant se faire exposer à l'improviste beaucoup de choses, et, par conséquent, se tenir toujours sur leurs gardes pour n'être pas trompés, il est beaucoup plus agréable de discourir avec eux d'objets scientifiques, parce qu'ils ont l'esprit libre et qu'ils écoutent sans autre mobile que le désir de s'instruire. Les savants, au contraire, n'écoutent rien d'ordinaire que ce qu'ils ont appris et enseigné, et ce dont ils sont d'accord avec leurs pareils. A la place de l'objet se pose un credo, auquel on peut aussi bien s'attacher obstinément qu'à tout autre.

La matinée était fraiche, mais sereine; nous allions et venions, moitié gelés, moitié rôtis; tout à coup nous vîmes quelque chose se mouvoir le long des murs de vignes. C'était un piquet de chasseurs, qui avait passé la nuit dans ce poste, et qui reprenait maintenant ses carabines et ses sacs, pour descendre dans les faubourgs incendiés, et, de là, inquiéter les remparts. En marchant à une mort probable, ils chantaient des chansons grivoises, ce qui était peut-être excusable dans cette situation.

A peine avaient-ils quitté la place, que je crus remarquer sur la muraille un phénomène géologique très surprenant. Je voyais sur le petit mur blanc de pierre calcaire une bordure de pierre d'un vert clair, d'une couleur toute pareille au jaspe, et je me demandais avec surprise comment une pierre si remarquable avait pu se trouver en si grande abondance dans ces couches calcaires. Mais je fus bien désenchanté, lorsque, étant accouru pour observer cette merveille, je vis que c'était de la mie de pain moisi, que les chasseurs avaient trouvée immangeable, et qu'ils avaient gaiement coupée et étendue sur le mur en manière d'ornement.

Ce fut pour nous une nouvelle occasion de parler

d'empoisonnement, sujet continuel de conversation depuis que nous étions entrés en pays ennemi, et cause de terreurs paniques dans une armée en campagne ; car on juge suspects non seulement tous les mets servis par un hôte, mais aussi le pain que l'on cuit soi-même, et dont la moisissure intérieure, promptement développée, doit s'attribuer à des causes toutes naturelles.

Le bombardement cessa le 1er septembre à huit heures du matin, mais on continuait à échanger des boulets. Les assiégés avaient tourné de notre côté une pièce de vingt-quatre, qu'ils faisaient jouer de loin en loin par forme de divertissement.

Sur la hauteur découverte, à côté des vignes et en face de cette grosse pièce d'artillerie, on avait posté deux hussards à cheval, pour observer la ville et l'intervalle qui nous en séparait. Ils n'avaient essuyé aucune attaque pendant leur faction ; mais, le nombre des hommes ayant augmenté lorsqu'on vint les relever, et quelques spectateurs étant d'ailleurs accourus dans ce moment, cela forma un groupe de personnes assez considérable, et les assiégés chargèrent leur pièce. A ce moment, je tournais le dos à la troupe de hussards et de curieux, qui était peut-être à cent pas, et je m'entretenais avec un ami, quant tout à coup le boulet passa derrière moi avec un sifflement terrible, si bien que je pirouettai sur mes talons, sans que je puisse dire si ce fut le bruit, l'ébranlement de l'air, enfin une impulsion physique ou morale, qui produisit cet effet. Je vis bien loin derrière la foule dispersée, le boulet ricocher encore à travers quelques haies. On courut après avec de grands cris, dès le moment qu'il eut cessé d'être redoutable. Personne ne fut atteint, et ceux qui s'emparèrent de cette masse de fer la promenèrent en triomphe.

Vers midi, la ville fut sommée une seconde fois : elle demanda un délai de vingt-quatre heures. Nous en profitâmes aussi pour nous installer un peu plus commodément, nous approvisionner et parcourir la contrée. Je ne manquai pas de retourner à la source instructive, où je pus faire mes observations avec plus de tranquillité et de réflexion, le bassin étant entièrement pêché, et l'eau s'étant tout à fait éclaircie et reposée, pour me laisser répéter à plaisir le jeu de la petite flamme descendante : aussi étais-je de l'humeur la plus agréable. Quelques accidents nous rejetèrent bientôt dans l'état de guerre. Un officier d'artillerie voulut faire boire son cheval. Le manque d'eau était général dans cet endroit; ma source, auprès de laquelle il passa, était trop enfoncée : il se rendit à la Meuse, qui coulait près de là. La rive était escarpée, il glissa et fut englouti; le cheval en réchappa, mais l'officier fut rapporté mort.

Peu de temps après, on entendit une forte explosion dans le camp autrichien, au pied de la colline que nous pouvions voir du nôtre. Les détonations et la fumée se répétèrent quelquefois. Tandis qu'on chargeait les bombes, un incendie, effet de la négligence, s'était déclaré. On courait le plus grand danger; déjà le feu se communiquait aux bombes chargées, et l'on avait à craindre que toute la provision ne sautât en l'air. Mais cette crainte fut bientôt dissipée par la glorieuse conduite des soldats impériaux, qui, au mépris du danger imminent, se hâtèrent d'emporter hors du camp la poudre et les bombes chargées.

Ainsi s'écoula cette journée. Le lendemain, la ville se rendit et les alliés en prirent possession; mais nous eûmes aussitôt un trait du caractère républicain. Le commandant Beaurepaire, pressé par la bourgeoisie aux abois, qui voyait déjà la ville tout entière brûlée et détruite, si le bombardement continuait, ne put refuser plus longtemps de rendre la place; mais, lorsqu'il eut donné son consentement en pleine séance à l'hôtel de ville, il tira de sa poche un pistolet et se tua, pour donner un nouvel exemple de dévouement patriotique.

Après la conquête si rapide de Verdun, personne ne douta plus que l'armée ne se portât bientôt plus loin, et ne trouvât dans Châlons, dans Épernay et dans les bons vins du pays l'heureux oubli de ses fatigues. Je fis donc soigneusement couper et entoiler les cartes de Jaeger qui traçaient le chemin de Paris, et coller sur le verso du papier blanc, comme j'avais déjà fait pour la première, afin d'y noter rapidement ce que j'observerais chaque jour.

3 septembre 1792.

Dès le matin, je montai à cheval avec quelques amis pour visiter la ville. Nous trouvâmes dès l'entrée de grands travaux, qu'on avait faits en vue d'une plus longue résistance : le milieu des rues était dépavé et les pierres entassées contre les maisons; aussi le temps pluvieux rendait-il la promenade peu agréable. Nous nous empressâmes de visiter les célèbres boutiques où l'on trouvait les meilleures liqueurs en tout genre, et nous nous pourvûmes de différentes espèces. Il y avait entre autres un certain « Baume humain », ayant moins de douceur que de force, qui restaurait parfaitement. Les dragées, amandes roulées dans le sucre, qu'on vendait dans de jolis cornets cylindriques, ne furent pas non plus dédaignées. En présence de tant de biens, on pensa aux chers absents, à qui ces choses feraient tant de plaisir sur les bords paisibles d'Ilm. On fit préparer des boîtes. Des courriers obligeants, qui avaient mission d'annoncer en Allemagne les premiers succès de nos armes, consentirent à se charger de quelques paquets de ce genre, qui devaient rassurer les amies que nous avions laissées à la maison et les convaincre que les pèlerins parcouraient un pays où l'esprit et la douceur ne feraient jamais défaut.

Lorsque ensuite nous contemplâmes cette ville, dont une partie était dévastée, nous fûmes conduits à remarquer une fois de plus que, dans les malheurs de ce genre, causés par l'homme à l'homme, comme dans ceux que la nature lui dispense, il se présente des cas particuliers qui semblent annoncer une Providence favorable. Le rez-de-chaussée d'une maison du coin, située sur la place, présentait un magasin de faïence, bien éclairé par de nombreuses fenêtres. On nous fit observer qu'une bombe, ricochant de la place, avait heurté le faible montant de pierre de la porte du magasin et avait reçu de ce choc une autre direction. Le montant était en effet endommagé, mais il avait fait l'office d'un bon défenseur : la fragile porcelaine faisait briller ses reflets magnifiques derrière les vitrages bien essuyés, transparents comme l'eau la plus pure.

A midi, nous fûmes régalés à la table d'hôte d'un bon gigot et de vin de Bar, qu'il faut consommer dans le pays, parce qu'il ne supporte pas le transport. C'est l'usage à ces tables de donner des cuillers, mais non des couteaux et des fourchettes, qu'il faut apporter avec soi. Informés de cette coutume, nous nous étions fournis de ces ustensiles, qu'on vend dans le pays, d'une forme élégante et unie. Des filles alertes et vives nous servirent, comme elles avaient servi, les jours précédents, leur garnison.

Cependant la prise de possession de Verdun fut troublée par un cas unique, il est vrai, mais qui produisit une grande sensation et inspira une sympathie générale. Comme les Prussiens entraient, il partit de la foule du peuple un coup de fusil qui ne blessa personne. Un grenadier français ne put ni ne voulut nier cet acte téméraire. J'ai vu ce soldat au corps de garde, où on l'avait conduit. C'était un très beau jeune homme, bien fait, au regard assuré, à la contenance tranquille. En attendant que son sort fût décidé, on le laissa en liberté. Près du corps de garde était un pont, sous lequel passait un bras de la Meuse : il s'assit sur le parapet, demeura quelque temps immobile, puis, se renversant en arrière, il se jeta dans l'eau. Il en fut retiré mort.

Ce deuxième acte héroïque, et qui disait beaucoup pour l'avenir, excita une haine passionnée chez les nouveaux envahisseurs, et j'entendis des personnes, d'ailleurs sensées, soutenir qu'on ne devrait accorder une sépulture honorable ni à cet homme ni au commandant. On s'était, il est vrai, promis d'autres sentiments, et l'on ne voyait pas encore chez les troupes françaises le moindre mouvement pour passer à nous.

Mais le récit de la réception que Verdun avait faite au roi de Prusse rendit les cœurs à la joie. Quatorze jeunes filles, les plus belles et les mieux élevées, avaient souhaité à Sa Majesté la bienvenue avec d'agréables discours, des fleurs et des fruits. Ses familiers lui déconseillaient d'y toucher, craignant le poison; mais le Roi ne manqua pas de recevoir ces dons aimables avec une galanterie chevaleresque et d'en goûter sans défiance. Ces charmantes personnes inspirèrent aussi, semble-t-il, à nos jeunes officiers quelque confiance; ceux qui eurent le bonheur d'assister au bal ne pouvaient assez vanter leur amabilité, leur grâce et leurs bonnes manières.

On songea aussi à de plus solides jouissances. Comme on l'avait espéré et supposé, il se trouvait dans la place d'excellentes et riches provisions, et l'on se hâta, trop peut-être, de s'en rafraîchir. Je pus observer que le lard fumé et la viande, le riz et les lentilles, et d'autres choses bonnes et nécessaires, ne furent pas assez ménagées, ce qui semblait fâcheux dans notre position. Ce fut en revanche un amusant spectacle de voir comme fut pillé tranquillement un arsenal ou un amas d'armes de toute sorte. On avait rassemblé dans un couvent toute espèce d'armes, plutôt anciennes que nouvelles, et plusieurs de ces engins bizarres avec lesquels l'homme en humeur de se défendre arrête son adversaire ou même le tue.

Voici comment se passa ce pillage pacifique. Après la prise de la ville, les chefs militaires, voulant connaître l'état des provisions de tout genre, visitèrent également ce dépôt d'armes, et, en même temps qu'ils les mettaient en réquisition pour les besoins généraux de la guerre, ils trouvèrent certains objets qu'on pouvait juger agréable de s'approprier, et personne ne faisait guère la revue de ces armes sans mettre à part quelque chose pour soi. Tous les grades se permirent ces libertés, si bien que ce trésor finit par devenir, peu s'en faut, un bien vacant : chacun donnait un petit pourboire au factionnaire pour visiter la collection, et en tirait ce qui était à son gré. Mon domestique fit son profit d'un grand bâton plat, fortement et soigneusement ficelé, et qui, au premier coup d'œil, ne promettait rien de plus, mais son poids annonçait un contenu redoutable, et en effet il renfermait une épée très large, et longue d'environ quatre pieds, avec laquelle une main robuste aurait fait merveille.

Voilà comme on vivait entre l'ordre et le désordre, tour à tour épargnant et dissipant, pillant et payant, et c'est peut-être ce qui rend la guerre si pernicieuse pour le caractère. On joue tantôt l'audacieux, le destructeur, tantôt le modéré, le bienfaisant; on s'accoutume aux phrases, à réveiller, à soutenir l'espérance dans la situation la plus désespérée; il en résulte une sorte d'hypocrisie d'un caractère à part, et qui se distingue tout particulièrement de celle des prêtres et des courtisans.

Mais je dois encore faire mention d'un homme intéressant, que je n'ai vu pourtant qu'à distance, derrière les grilles d'une prison : c'était le maître de poste de Sainte-Menehould, qui s'était maladroitement laissé prendre par les Prussiens. Il ne craignait nullement les regards des curieux, et, incertain de son sort, il paraissait tout à fait tranquille. Les émigrés soutenaient qu'il avait mérité mille morts, et ils excitaient l'autorité supérieure, mais il faut dire à sa gloire que, dans cette occasion comme en d'autres, elle se conduisit avec une bienséante et calme dignité, avec une noble égalité d'âme.

---

4 septembre 1792.

Le mouvement d'une nombreuse société animait tout le jour nos tentes; on entendait beaucoup de récits, de propos et de jugements. La situation devenait plus claire qu'auparavant. On était unanime à juger qu'il fallait marcher sur Paris, aussi vite que possible. Nous avions laissé intactes sur nos flancs les places de Montmédy et de Sedan, et l'on semblait peu craindre l'armée qui se trouvait de ce côté.

La Fayette, qui avait la confiance de l'armée, avait été contraint de se séparer de la Révolution; il s'était vu forcé de fuir chez les ennemis et traité en ennemi. Dumouriez, qui d'ailleurs avait montré comme ministre qu'il entendait l'art de la guerre, ne s'était illustré par aucune campagne, et, porté des bureaux du ministère au commandement de l'armée, il semblait ne faire paraître que cette inconséquence et l'embarras du moment. D'un autre côté, on apprenait les tristes événements du mois d'août : au mépris du manifeste de Brunswick, le Roi avait été mis en prison, déposé et traité comme un criminel. Mais ce qui faisait surtout le sujet des conversations, c'étaient les grands dangers des prochaines opérations militaires.

La forêt de l'Argonne, chaîne de collines boisées, qui force l'Aire à couler du sud au nord en la côtoyant, s'étendait immédiatement devant nous et arrêtait notre mouvement. On parlait beaucoup des Islettes, passage important entre Verdun et Sainte-Menehould. Pourquoi n'était-il pas occupé? C'était sur quoi l'on ne pouvait s'entendre. Les émigrés devaient l'avoir surpris un moment, sans avoir pu le garder. La garnison sortie de Longwy s'y était portée; on le croyait du moins. Tandis que nous avions marché sur Verdun et bombardé cette ville, Dumouriez avait envoyé à travers le pays des troupes pour fortifier les Islettes et couvrir l'aile droite de sa position derrière Grandpré, et opposer ainsi aux Prussiens, aux Autrichiens et aux émigrés de nouvelles Thermopyles.

On s'avouait cette position extrêmement défavorable, et, tandis que l'armée aurait dû marcher en avant sans relâche, il fallut se résoudre à lui faire côtoyer l'Aire, pour assaillir à tout hasard des défilés fortifiés, sur quoi on trouvait encore très avantageux que nous eussions enlevé Clermont aux Français, et qu'il fût occupé par les Hessois, qui, opérant contre les Islettes, pouvaient, sinon les enlever, du moins les inquiéter.

Du 6 au 10 septembre 1792.

Dans cette pensée, on leva le camp, et il fut porté derrière Verdun.

Le quartier général du roi était à Glorieux, celui de Brunswick à Regrets, et ces noms donnaient lieu à de singulières observations.

J'arrivai à Glorieux par suite d'un accident désagréable. Le régiment de Weimar devait camper à Jardin-Fontaine, près de la ville et de la Meuse. Nous réussimes heureusement à sortir de la ville, en nous mêlant par contrebande dans la file des bagages d'un régiment inconnu, et nous nous laissâmes entraîner, quoiqu'il fût visible qu'on s'éloignait trop; mais le chemin était si étroit que nous n'aurions pu sortir de la file sans verser irrévocablement dans les fossés. Nous regardions à droite et à gauche sans rien découvrir; nous ne pouvions obtenir de personne un éclaircissement, car tout le monde était étranger comme nous, et, grâce à la situation, en proie à l'humeur la plus triste. Enfin, arrivé sur une colline à pente douce, je vis à gauche, dans une vallée qui, pendant les beaux jours, devait être charmante, un joli village avec un château considérable, et, par bonheur, la douce et verte lisière d'un bois promettait de nous y conduire commodément. Je me hâtai d'autant plus de prendre par en bas pour sortir de l'effroyable ornière, que je voyais des officiers et des palefreniers courir de côté et d'autre, des fourgons, des chaises arrêtées; je supposai que c'était un des quartiers généraux, et je ne me trompais point : c'était Glorieux, quartier du roi. Mais là encore je demandai inutilement où se trouvait Jardin-Fontaine. Enfin je rencontrai, comme un envoyé du ciel, M. d'Alvensleben, dont j'avais déjà éprouvé l'obligeance. Il m'apprit que je devais suivre dans le vallon jusqu'à la ville le chemin vicinal, qui était entièrement libre, tâcher ensuite, arrivé devant la ville, de prendre par la gauche, après quoi je découvrirais bientôt Jardin-Fontaine.

Tout cela me réussit, et je trouvai aussi nos tentes dressées, mais dans l'état le plus affreux; on se voyait plongé dans une boue liquide; les attaches pourries des tentes se rompaient l'une après l'autre, et la toile battait la tête et les épaules de ceux qui voulaient y chercher un asile. On souffrit cela quelque temps, mais enfin on résolut de se loger dans le village. Nous trouvâmes dans une maison bien montée un malicieux bonhomme, qui avait été cuisinier en Allemagne. Il nous fit un joyeux accueil. Il se trouvait au rez-de-chaussée de belles chambres claires, une bonne cheminée et tout ce qu'il fallait pour nous reposer.

La suite du duc de Weimar était nourrie de sa cuisine. Cependant notre hôte me pressa de goûter une fois quelque chose de sa façon. Il me fit en effet une chère exquise, mais j'en fus si incommodé, que j'aurais pu penser encore au poison, si je ne m'étais aperçu d'abord qu'on avait tout assaisonné à l'ail, dont la plus faible dose m'est insupportable. Le mal fut bientôt passé, et je résolus de m'en tenir comme auparavant à la cuisine allemande.

Au moment du départ, notre hôte jovial remit, selon sa promesse, à mon domestique, une lettre pour une sœur qu'il avait à Paris, et qu'il voulait recommander d'une façon toute particulière. Toutefois, après quelques paroles échangées, le bonhomme finit par lui dire : « Tu n'iras *pas* jusque-là. »

---

11 septembre 1792.

Après quelques jours de repos, il nous fallut de nouveau braver une affreuse température. Nous devions suivre la croupe des montagnes qui, séparant les eaux de la Meuse et de l'Aire, les obligent toutes deux de couler vers le nord. Après de grandes fatigues, nous arrivâmes à Malancourt, où nous trouvâmes les caves vides et les cuisines sans hôtes : heureux du moins de pouvoir consommer sous des toits, assis en lieu sec, les chétives provisions que nous avions apportées. L'arrangement de ces maisons me plut; il annonçait une tranquille aisance; partout régnait une simplicité naturelle, qui suffisait aux premiers besoins. Et nous avions troublé ce bonheur! Nous allions le troubler encore! Du voisinage on poussait des cris d'angoisse contre les pillards. Nous y courûmes, et nous parvînmes, non sans danger, à faire cesser pour le moment ces désordres.

C'était d'ailleurs une étrange chose d'entendre ces pauvres diables de voleurs déguenillés, auxquels nous arrachions manteaux et chemises, nous accuser de la plus dure cruauté, parce que nous ne leur permettions pas de couvrir leur nudité aux dépens des ennemis.

Mais nous devions essuyer un reproche encore plus singulier. Retournés dans notre premier cantonnement, nous y trouvâmes un noble émigré de notre connaissance. Nous lui fîmes un bon accueil, et il ne dédaigna pas notre table frugale; mais il était visiblement ému; il avait quelque chose sur le cœur, dont il cherchait à se soulager par des exclamations. Et quand nous voulûmes, en qualité de connaissances, l'engager à s'ouvrir un peu, il se récria sur la cruauté avec laquelle le roi de Prusse traitait les princes français. Surpris et presque troublés, nous lui demandâmes de s'expliquer. Alors nous apprîmes que le Roi était parti de Glorieux sans surtout, sans manteau, malgré une pluie épouvantable, et que les princes de la famille royale avaient dû renoncer de même à tout vêtement propre à les garantir du mauvais temps.

Notre marquis n'avait pu voir sans une extrême désolation ces personnes augustes légèrement vêtues, mouillées jusqu'aux os, ruisselantes de pluie; il aurait donné sa vie, si c'eût été utile, pour les voir passer dans une bonne voiture, elles sur qui reposaient l'espérance et le bonheur de la patrie entière et qui étaient accoutumées à un tout autre genre de vie. Nous n'avions rien à répliquer, car nous ne l'aurions pas consolé en lui faisant considérer que la guerre, comme une mort anticipée, rend tous les hommes égaux, abolit toute propriété, et menace de fatigues et de dangers les plus augustes personnages.

---

12 septembre 1792.

Le lendemain, en considération de si grands exemples, je résolus de laisser sous la garde du camérier [1] Wagner, qui était un homme sûr, ma voiture légère et pourtant attelée de quatre chevaux de réquisition. Il fut chargé de nous suivre avec l'équipage et l'argent comptant, si nécessaire. Je montai à cheval avec quelques bons compagnons, et nous prîmes le chemin de Landres. Nous trouvâmes à mi-chemin des fagots et des branchages, débris d'un petit bois de bouleaux; humides à l'extérieur, mais secs à l'intérieur, ils nous donnèrent bientôt des flammes brillantes et de la braise pour nous réchauffer et pour cuire notre dîner. Mais les beaux apprêts d'une table de régiment n'existaient plus; on ne voyait venir ni tables, ni sièges, ni bancs; on fit du mieux qu'on put : on mangea debout, peut-être appuyé. Nous atteignîmes heureusement le camp vers le soir.

1. Le trésorier particulier du prince.

Nous étions ainsi établis non loin de Landres, en face de Grandpré, mais nous savions que le passage était fortement et avantageusement occupé. Il pleuvait incessamment et non sans bourrasques; on trouvait peu d'abri sous les tentes.

Mais heureux celui dont une noble passion remplissait le cœur! Le phénomène des couleurs de la source n'avait pas cessé un moment, pendant ces jours, d'occuper ma pensée; j'y rêvais constamment pour l'élever au point d'être facilement soumis à l'expérience. Je dictais à Vogel, qui se montra encore ici un fidèle secrétaire, des notes éparses, puis je dessinais à côté les figures. Je possède encore ces papiers avec toutes les marques du mauvais temps, et comme témoignage d'une fidèle recherche dans le sentier difficile où j'étais entré. Mais le chemin de la vérité a cet avantage, qu'on se rappelle toujours avec plaisir une marche mal assurée, un détour, et même un faux pas.

Le temps empira encore, et devint si affreux pendant la nuit, qu'on se trouvait bien heureux de la passer sous les voitures des régiments. Situation terrible, en présence de l'ennemi, qui pouvait d'un moment à l'autre déboucher de ses hauteurs et de ses bois fortifiés.

Du 13 au 17 septembre 1792.

Le 13, le camérier Wagner arriva de bonne heure avec tout l'équipage, y compris le caniche.

Il avait passé une affreuse nuit; après mille autres embarras, il s'était écarté de l'armée dans les ténèbres, égaré par les valets ivres et endormis d'un général, qu'il avait suivis; ils étaient arrivés dans un village et soupçonnèrent que les Français étaient tout près. Inquiété par toute sorte de bruits alarmants, abandonné de ses chevaux, qui ne revenaient pas de l'abreuvoir, il réussit pourtant à quitter ce malheureux village, et nous nous retrouvâmes enfin avec notre bagage.

Il y eut ensuite un moment de trouble et aussi d'espérance. On entendait à notre aile droite une forte canonnade, et l'on se dit que le général Clerfayt était arrivé des Pays-Bas, qu'il avait attaqué les Français sur leur flanc gauche. Chacun était fort impatient de connaître l'événement. Je courus au quartier général pour savoir plus positivement ce que signifiait cette canonnade et à quoi il fallait s'attendre. On n'y savait encore rien de positif, sinon que Clerfayt devait être aux prises avec les Français. Je rencontrai le major de Weyrach, qui, par impatience et par ennui, allait justement monter à cheval et se rendre aux avant-postes. Je l'accompagnai, et nous arrivâmes bientôt sur une hauteur d'où la vue s'étendait assez loin de tous côtés. Nous joignîmes un poste de hussards, et nous nous entretînmes avec l'officier, qui était un beau jeune homme. L'affaire se passait bien au delà de Grandpré, et l'officier avait l'ordre de ne pas avancer, pour ne pas provoquer sans nécessité un mouvement. Nous n'étions pas en conversation depuis longtemps, quand le prince Louis-Ferdinand arriva avec une faible escorte. Après une courte salutation et quelques paroles échangées, il demanda à l'officier de se porter en avant. L'officier fit de pressantes représentations, mais le prince n'y eut pas égard et poussa son cheval, en sorte que nous dûmes tous le suivre. Nous n'avions pas fait beaucoup de chemin quand un chasseur français se fit voir de loin, courut à nous jusqu'à portée de fusil, puis, faisant volte-face, disparut aussi vite qu'il était venu. Il fut suivi d'un second et d'un troisième, qui disparurent de même. Mais le quatrième, qui était probablement le premier, fit feu sur nous. Nous entendîmes siffler la balle. Le prince n'en fut pas ému, et ces gens continuèrent leur feu; plusieurs coups partirent pendant que nous poursuivions notre marche. J'avais regardé plusieurs fois l'officier, qui était dans le plus grand embarras, entre son devoir et son respect pour un prince royal. Il crut peut-être lire dans mes regards quelque sympathie, car il vint à moi et me dit : « Si vous pouvez quelque chose sur le prince, priez-le de se retirer; il fait peser sur moi la plus grave responsabilité. Il m'est rigoureusement ordonné de ne pas quitter le poste qui m'a été assigné, et rien n'est plus raisonnable que de ne pas provoquer l'ennemi, qui est campé derrière Grandpré dans une forte position. Si le prince ne se retire pas, toute la chaîne des avant-postes sera bientôt alarmée; on ne saura pas au quartier général ce que cela signifie, et les premiers reproches tomberont sur moi, sans qu'il y ait de ma faute. »

Je m'approchai du prince et je lui dis : « On me fait l'honneur de croire que je puis quelque chose sur l'esprit de Votre Altesse ; je vous prie donc de m'écouter favorablement. » Là-dessus, je lui exposai l'affaire, ce qui était assez inutile, car il voyait tout de ses yeux, et il eut la bonté de tourner bride aussitôt en m'adressant quelques paroles obligeantes. Les chasseurs disparurent et cessèrent leur feu. L'officier me remercia chaleureusement. On voit par là qu'un médiateur est partout bienvenu.

Peu à peu, la situation devenait plus claire. La position de Dumouriez à Grandpré était très forte et très favorable. On savait bien que son aile droite était inattaquable ; devant sa gauche se trouvaient deux passages importants, la Croix-aux-Bois et le Chêne-Populeux ; l'un et l'autre étaient soigneusement coupés et regardés comme impraticables, mais le dernier était confié à un officier négligent ou inférieur à une pareille tâche : les Autrichiens l'assaillirent. A la première at'aque, le jeune prince de Ligne fut tué ; à la seconde, on força le poste, et le grand plan de Dumouriez était renversé ; il dut quitter sa position et remonter le cours de l'Aisne ; les hussards prussiens purent franchir le passage et pousser au delà de l'Argonne. Ils répandirent une telle panique dans l'armée française, que dix mille hommes prirent la fuite devant cinq cents et qu'on eut beaucoup de peine à les arrêter et les rallier. C'est là que le régiment Chamborand se signala. Il retarda les progrès des nôtres, qui, envoyés proprement pour faire une reconnaissance, revinrent victorieux et pleins d'allégresse, et ne cachèrent pas qu'ils s'étaient emparés de quelques chariots. Ils se partagèrent ce qui était d'une utilité immédiate, l'argent et les habits; moi, comme membre de la chancellerie, j'eus en partage les papiers, parmi lesquels je trouvai quelques anciens ordres du jour de La Fayette, et plusieurs listes d'une fort belle écriture. Mais ce qui me surprit le plus, ce fut un *Moniteur* assez récent. Cette impression, ce format, qui nous avaient visités sans interruption pendant plusieurs années et qu'on n'avait pas vus depuis bien des semaines, me saluèrent d'une façon un peu cavalière; en effet, un article laconique du 3 septembre me criait d'un ton menaçant : « Les Prussiens pourront venir à Paris, mais ils n'en sortiront pas. » On croyait donc à Paris notre arrivée possible; quant à notre retour, c'était aux puissances supérieures d'y veiller.

L'affreuse position dans laquelle on se trouvait entre la terre et le ciel fut un peu adoucie, quand on vit l'armée s'avancer, et les divisions de l'avant-garde se mettre en mouvement l'une après l'autre. Notre tour vint enfin; et, franchissant des collines, longeant des vallées, côtoyant des vignes, où nous nous régalâmes, nous arrivâmes par un temps plus serein dans un pays plus ouvert, et nous vîmes dans une gracieuse vallée de l'Aire le château de Grandpré, très bien situé sur une éminence, à l'endroit même où l'Aire court à l'occident entre des collines pour se réunir de l'autre côté de la montagne avec l'Aisne, dont les eaux, coulant toujours à l'ouest, puis mêlées à celles de l'Oise, se versent enfin dans la Seine. Il était donc manifeste que les montagnes qui nous séparaient de la Meuse, sans être d'une hauteur considérable, avaient une influence décisive sur la marche des eaux, et suffisaient pour nous jeter dans une autre région fluviale.

Pendant cette marche, je fus amené par le hasard dans la suite du roi, puis dans celle du duc de Brunswick ; je m'entretins avec le prince de Reuss et d'autres militaires diplomates de ma connaissance. Ces groupes de cavaliers peuplaient agréablement le paysage. On aurait souhaité un Van der Meulen pour immortaliser cette marche. Tout le monde était joyeux, animé, confiant, héroïque. Quelques villages brûlaient, il est vrai, devant nous, mais la fumée ne fait pas mal non plus dans un tableau de guerre. Les habitants avaient, disait-on, tiré des fenêtres sur l'avant-garde, qui, usant du droit de la guerre, s'était vengée elle-même sur-le-champ. La chose fut blâmée, mais on n'y pouvait rien changer. En revanche, nous prîmes sous notre protection les vignes, dont les propriétaires ne purent pourtant pas se promettre une riche récolte. C'est ainsi que nous avancions, agissant tour à tour en amis et en ennemis.

Après avoir laissé Grandpré derrière nous, nous arrivâmes à l'Aisne, et, l'ayant traversée, nous campâmes près de Vaux-les-Mourons. Nous étions dans cette Champagne de fâcheux renom, mais le pays n'avait pas si mauvaise apparence. Sur l'autre bord de la rivière, qui regardait le soleil, s'étalaient des vignes bien tenues ; dans les villages et les granges qu'on visitait, on trouvait assez de nourriture pour les hommes et les chevaux ; par malheur, les blés n'étaient pas battus et les moulins manquaient également ; les fours étaient rares aussi, et véritablement nous commencions à subir le suplice de Tantale.

---

18 septembre 1792.

Pour se livrer à ces réflexions, une nombreuse société se rassemblait d'ordinaire à chaque halte, et se rapprochait avec une certaine confiance, surtout au moment où l'on prenait le café. Elle était composée de singuliers éléments, Allemands et Français, militaires et diplomates; tous personnages marquants, expérimentés, sages, spirituels, animés par l'importance du moment, tous hommes de mérite et de dignité, mais qui, n'étant pas membres du conseil secret, s'efforçaient d'autant plus de deviner ce qu'on avait résolu, ce qui pouvait arriver.

Dumouriez, ne pouvant occuper plus longtemps le passage de Grandpré, avait remonté l'Aisne, et, ses derrières étant couverts par les Islettes, il s'était posté sur les hauteurs de Sainte-Menehould, faisant face à la France. Nous avions pénétré par l'étroit passage, laissant inattaquées, sur nos derrières et sur nos flancs, les places de Sedan, de Montmédy et de Stenay, qui pouvaient à leur gré nous rendre les approvisionnements difficiles. Nous étions entrés par un temps détestable dans une triste contrée, dont le sol ingrat nourrissait à peine quelques villages clair-semés. Il est vrai que Reims, Châlons et leurs fertiles environs n'étaient pas éloignés; on pouvait espérer de s'y refaire : aussi l'avis presque unanime de la société était-il que nous devions marcher sur Reims et nous emparer de Châlons; Dumouriez ne pouvait alors demeurer immobile dans sa position avantageuse; une bataille était inévitable, où qu'elle fût livrée, et l'on croyait déjà l'avoir gagnée.

Du 19 au 22 septembre 1792.

Ce fut donc un sujet de sérieuses réflexions que l'ordre qui nous fut donné le 19 de marcher sur Massiges, de remonter la rive de l'Aisne, en laissant à main gauche, de près ou de loin, cette rivière et la forêt. On se distrayait en chemin de ces graves pensées, en prenant une joyeuse part aux incidents et aux événements de tout genre. Un singulier phénomène attira toute mon attention. Afin de porter en avant plusieurs colonnes de front, on en avait mené une à travers champs par des collines unies; mais, lorsqu'il fallut redescendre dans la vallée, on avait trouvé une pente escarpée : elle fut aussitôt talutée du mieux qu'il fut possible, mais elle restait encore assez raide. A midi, un rayon de soleil parut et se refléta sur toutes les armes. J'étais sur une hauteur, et je vis approcher dans tout son éclat ce flot d'armes étincelantes; mais ce fut un spectacle surprenant quand la colonne arriva à la pente escarpée, où les rangs, jusqu'alors maintenus, se séparèrent par bonds, chaque soldat cherchant de son mieux à gagner la plaine. Ce désordre donnait parfaitement l'idée d'une cascade. Mille et mille baïonnettes, brillant pêle-mêle, marquaient le plus vif mouvement. Et lorsque, au pied de la colline, les rangs et les files se reformèrent et poursuivirent leur marche dans la vallée, comme ils étaient arrivés sur la colline, l'idée d'un fleuve se présentait toujours plus vive. Ce phénomène était d'autant plus agréable, que sa longue durée fut favorisée par le soleil dont on sentait tout le prix dans ces heures incertaines, après une longue privation.

Après midi, nous arrivâmes à Massiges; nous n'étions plus qu'à quelques lieues de l'ennemi. On avait tracé le camp; nous nous établissions à la place qui nous était assignée; déjà les pieux étaient plantés, les chevaux attachés, les feux allumés, la cantine ouverte; tout à coup le bruit se répand qu'on ne campera pas, la nouvelle est arrivée que l'armée française se retire de Sainte-Menehould sur Châlons; le Roi ne veut pas la laisser échapper, et il a donné l'ordre du départ. J'allai chercher des informations à la bonne source, et l'on me répéta ce que j'avais déjà entendu; seulement j'appris encore que, à cette incertaine et invraisemblable nouvelle, le duc de Weimar et le général Heymann avaient pris les devants avec les mêmes hussards qui avaient répandu cette alarme. Au bout de quelque temps, ces généraux revinrent et assurèrent qu'on ne remarquait pas le moindre mouvement, et ces patrouilles durent avouer qu'elles avaient présumé plutôt que vu ce qu'elles avaient annoncé.

Cependant l'impulsion était donnée, et l'armée reçut l'ordre d'avancer, mais sans aucuns bagages ; toutes les voitures durent rétrograder jusqu'à Maison-Champagne pour y former une barricade et attendre, comme on le présumait, l'heureuse issue d'une bataille.

Je n'hésitai pas un moment sur ce que j'avais à faire ; je laissai la voiture, le bagage et les chevaux à mon domestique, qui était soigneux et résolu, et je montai aussitôt à cheval avec mes compagnons de guerre. Nous avions déjà reconnu souvent dans nos entretiens que l'homme qui s'engage dans une expédition doit suivre constamment les troupes régulières, quelle que soit la division à laquelle il s'est joint : là, en effet, ce qui peut nous arriver est toujours honorable, tandis que stationner auprès des bagages est à la fois honteux et dangereux. J'étais donc convenu avec les officiers du régiment que je me joindrais toujours à eux et, autant que possible, à l'escadron des gardes du corps, voulant par là fortifier toujours davantage de bonnes et belles relations.

Nous reçûmes l'ordre de côtoyer en le remontant le ruisseau de la Tourbe, qui arrose la plus triste vallée du monde, entre des collines basses, sans arbres et sans buissons. Il était prescrit sévèrement de marcher dans le plus grand silence, comme si nous eussions voulu surprendre l'ennemi, qui cependant, posté comme il l'était, ne pouvait guère ignorer l'approche d'une masse de cinquante mille hommes. La nuit vint : point de lune, pas une étoile ; un vent furieux mugissait ; le mouvement silencieux d'une si longue file d'hommes dans une obscurité profonde était une chose tout extraordinaire.

En chevauchant à côté de la colonne, on rencontrait souvent des officiers de connaissance, qui allaient et venaient pour accélérer ou ralentir la marche. On s'arrêtait, on se groupait, on causait. Une douzaine de personnes, connues et inconnues, s'étaient ainsi réunies. On s'interrogeait, on se plaignait, on s'étonnait, on grondait et l'on raisonnait. On ne pouvait pardonner au général d'avoir troublé le dîner. Un joyeux convive souhaita une saucisse et du pain ; un autre éleva ses désirs jusqu'au rôti de chevreuil et à la salade d'anchois ; et, comme tout cela ne coûtait rien, on ne se fit pas faute de pâtés, de friandises, de vins délicats, et l'on finit par composer un festin si complet, qu'un des assistants, dont l'appétit s'était réveillé outre mesure, maudit toute la société, déclarant insupportable le supplice d'une imagination excitée en face de la plus extrême disette. Les convives se dispersèrent et ne s'en trouvèrent pas mieux.

Nous marchâmes de la sorte jusqu'à Somme-Tourbe, où l'on fit halte. Le Roi était descendu dans une auberge devant la porte de laquelle le duc de Brunswick établit le quartier général et les bureaux sous une sorte de berceau. La place était grande ; on y alluma beaucoup de feux, vivement entretenus avec de grandes brassées d'échalas. Le prince feld-maréchal trouva mauvais qu'on attisât trop la flamme ; mais ses craintes nous semblèrent hors de saison, car personne ne voulait croire que notre approche fût demeurée un secret pour les Français.

J'étais arrivé trop tard, et j'eus beau chercher de tous côtés dans le voisinage, tout était consommé ou du moins dans les mains de quelqu'un. Pendant que je cherchais ainsi, les émigrés me donnèrent l'exemple d'une bonne précaution culinaire. Ils étaient assis autour d'un grand monceau de cendres chaudes, dans lequel plus d'un échalas s'était consumé en pétillant. Ils avaient eu l'adresse de recueillir promptement tous les œufs du village, et c'était un objet fort appétissant que ces œufs dressés les uns à côté des autres dans le monceau de cendres, et qu'on en retirait à mesure qu'ils étaient cuits à point. Je ne connaissais aucun de ces nobles cuisiniers; je ne pouvais donc leur adresser la parole, mais, ayant rencontré à ce moment un de mes amis, qui était, comme moi, mourant de faim et de soif, je m'avisai d'une ruse de guerre, fondée sur une observation que j'avais eu l'occasion de recueillir dans ma courte carrière militaire. J'avais observé que, en fourrageant dans les villages et alentour, on procédait d'une manière stupide. Les premiers arrivants se précipitent, enlèvent, gâtent, détruisent; ceux qui les suivent trouvent toujours moins, et ce qui est perdu ne profite à personne. J'avais déjà réfléchi qu'en pareille occasion il fallait user de stratégie, et, tandis que la foule faisait irruption d'un côté, chercher du côté opposé quelques ressources. Ici, la chose n'était guère praticable, parce que tout était envahi; mais le village s'étendait fort loin et en s'écartant du chemin par lequel nous étions arrivés. Je proposai à mon ami de descendre avec moi la longue rue. Nous vîmes sortir de l'avant-dernière maison un soldat maugréant de ce qu'on avait déjà tout dévoré et qu'on ne trouvait plus rien nulle part. Nous regardâmes par les fenêtres, et nous vîmes deux chasseurs assis fort tranquillement; nous entrâmes, pour nous asseoir du moins à couvert. Nous les saluons comme des camarades, et nous nous plaignons de la disette générale. Après avoir échangé quelques propos, ils nous demandent le secret : nous leur tendons la main. Alors ils nous découvrent qu'ils ont trouvé dans la maison une belle cave bien meublée; qu'ils en ont masqué l'entrée eux-mêmes, mais qu'ils ne veulent pas nous refuser une part de la provision. L'un d'eux tire une clef de sa poche, et, en écartant divers obstacles, démasque la porte et l'ouvre. Nous descendons, nous trouvons plusieurs tonneaux, dont chacun pouvait contenir deux muids; mais, ce qui nous intéressa davantage, ce furent divers compartiments de bouteilles casées dans le sable, où le bon camarade, qui les avait déjà mises à l'épreuve, nous indiqua la meilleure espèce. Je pris deux bouteilles de chaque main; je les cachai sous mon manteau, mon ami en fit autant, et nous remontâmes la rue, dans l'espérance de pouvoir bientôt nous rafraîchir.

Tout près du grand feu de garde, je remarquai une pesante et forte herse; je m'assis dessus, et je glissai, par-dessous mon manteau, mes bouteilles entre les dents de la herse. Au bout de quelque temps j'en sortis une bouteille, qui fit pousser des exclamations à mes voisins. Je leur offris aussitôt de la partager avec eux. Ils en prirent à longs traits, mais le dernier modérément, parce qu'il s'apercevait bien qu'il me laissait peu de chose. Je cachai la bouteille à côté de moi, et je produisis bientôt après la seconde; je bus à la santé des amis, qui s'en régalèrent encore une fois, sans prendre garde d'abord au miracle; mais, à la troisième, ils crièrent au sorcier, et ce fut, dans cette triste situation, un badinage de toute façon bienvenu.

Parmi toutes les personnes dont le feu éclairait dans ce cercle la taille et le visage, j'aperçus un homme déjà d'un certain âge que je crus reconnaître. Quand je m'en fus assuré, je m'approchai de lui, et il ne fut pas peu étonné de me voir là. C'était le marquis de Bombelles, que j'avais vu à Venise deux années auparavant, quand j'accompagnais la duchesse Amélie. Il y résidait alors comme ambassadeur de France, et il avait pris à cœur de rendre à cette excellente princesse le séjour de Venise aussi agréable que possible. Nos cris de surprise, la joie du revoir et nos souvenirs égayèrent ce moment sérieux. Nous parlâmes de sa magnifique demeure sur le Grand-Canal; je lui rappelai comme, arrivés chez lui en gondole, nous y avions trouvé un accueil honorable et une gracieuse hospitalité; comment, par de petites fêtes, dans le caractère et l'esprit de cette princesse, qui aimait la nature et les arts, la gaieté et le bon goût, il l'avait amusée de mille manières, elle et son entourage, et, par l'influence qu'il exerçait, lui avait procuré bien des jouissances refusées aux étrangers.

Mais quelle fut ma surprise, à moi qui avais cru le réjouir par un éloge sincère, de l'entendre s'écrier avec mélancolie : « Ne parlons pas de ces choses ! Ce temps est trop loin de moi ; et, dès ce temps même, quand j'amusais mes nobles hôtes avec une apparente sérénité, le souci me rongeait le cœur ; je pressentais les suites de ce qui se passait dans ma patrie ; j'admirais votre sécurité, de ne pas prévoir le danger qui vous menaçait vous-mêmes ; je me préparais en silence au changement de mon sort. Bientôt après, je dus quitter mon poste honorable et ma chère Venise, et commencer les courses vagabondes qui ont fini par m'amener ici. »

Le caractère mystérieux qu'on avait voulu de temps en temps donner à cette marche nous faisait soupçonner qu'on irait en avant cette nuit même ; mais le jour commençait à paraître, et avec lui nous arrivait une pluie fine. Il faisait grand jour quand on se mit en mouvement. Comme le régiment de Weimar avait le pas, on donna à l'escadron des gardes du corps, comme étant à la tête de toute la colonne, les hussards, qui devaient connaître le chemin de notre destination. Alors nous avançâmes, parfois au grand trot, à travers des champs et des collines sans arbres ni buissons ; seulement, on voyait à gauche, dans le lointain, la forêt de l'Argonne. La pluie nous fouettait le visage. Bientôt nous vîmes une allée de peupliers, d'une belle venue et bien entretenus, qui coupait obliquement notre route. C'était la chaussée de Châlons à Sainte-Menehould, la route de Paris en Allemagne : on nous mena au delà et puis à l'aventure.

Nous avions déjà observé les mouvements de l'ennemi campé devant les bois ; nous avions pu également remarquer que de nouvelles troupes arrivaient : c'était Kellermann, qui faisait sa jonction avec Dumouriez pour former son aile gauche. Les nôtres brûlaient d'impatience de marcher aux Français; officiers et soldats souhaitaient avec ardeur que le général voulût attaquer dans ce moment; notre marche impétueuse semblait annoncer ce dessein : mais Kellermann avait pris une position trop avantageuse. Alors commença cette canonnade sur laquelle on a fait tant de récits, et dont on ne peut toutefois décrire la violence soudaine, ni même faire revivre l'idée dans son imagination.

La chaussée était déjà bien loin derrière nous, et nous poursuivions vers l'ouest notre course impétueuse, quand tout à coup un adjudant arrive au galop et nous commande de repasser la chaussée et de nous poster auprès, du côté gauche, pour appuyer l'aile droite; nous obéissons et, comme cela, nous nous trouvons en face de l'ouvrage avancé désigné sous le nom de la Lune, qu'on pouvait voir joignant la chaussée, sur la colline, à la distance d'un quart de lieue. Notre commandant vint au-devant de nous; il venait de mener sur la hauteur une demi-batterie d'artillerie volante. Nous reçûmes l'ordre d'avancer sous sa protection, et, en chemin, nous vîmes, gisant sur la terre, un vieux maître d'équipages, première victime de cette journée. Nous allions pleins de confiance; nous voyions de plus près l'ouvrage avancé; la batterie établie dans son voisinage faisait un feu bien nourri.

Mais bientôt nous nous trouvâmes dans une

étrange position : les boulets pleuvaient sur nous, et nous ne pouvions comprendre d'où ils venaient; nous avancions sous la protection d'une batterie des nôtres, et l'artillerie des ennemis, postée sur les collines en face de nous, était beaucoup trop éloignée pour nous atteindre. Arrêté à l'écart devant le front, j'avais sous les yeux le plus singulier spectacle : les boulets tombaient par douzaines devant notre escadron, heureusement sans ricocher, parce qu'ils enfonçaient dans le sol humide; mais la boue aspergeait les hommes et les chevaux, qui, tenus en bride par de bons cavaliers, ronflaient et mugissaient; toute la masse, sans se rompre ou se confondre, ondulait. Un objet particulier me rappela d'autres temps. Au premier rang de l'escadron, l'étendard se balançait dans les mains d'un bel adolescent, qui le tenait ferme, mais qui était rudement secoué par le cheval impatient; dans ce terrible moment, son agréable visage me rappela d'une manière étrange et pourtant naturelle le visage plus agréable encore de sa mère, et les paisibles moments que j'avais passés auprès d'elle.

Enfin arriva l'ordre de rétrograder et de descendre : tous les régiments de cavalerie l'exécutèrent avec beaucoup d'ordre et de tranquillité; nous n'avions perdu qu'un cheval, tandis que nous aurions pu, et surtout à l'extrême droite, être tués tous. Quand nous fûmes dégagés de ce feu incompréhensible et remis de notre surprise, l'énigme s'expliqua : nous trouvâmes la demi-batterie, sous la protection de laquelle nous avions cru avancer, **tout au bas de la colline dans un creux, comme le** terrain en présentait plusieurs çà et là dans cet endroit. Repoussée de la hauteur, elle était descendue par un ravin de l'autre côté de la chaussée, en sorte que nous n'avions pu remarquer sa retraite. L'artillerie ennemie avait pris sa place, et ce qui aurait dû nous protéger avait failli nous être fatal. A nos reproches, les compagnons répondirent en riant et nous assurèrent, d'un ton goguenard, qu'on était mieux en bas à l'abri.

Mais, lorsque ensuite on voyait de ses yeux quels efforts inouïs il fallait faire pour traîner ces batteries volantes à travers ces effroyables collines fangeuses, on avait un nouveau sujet de réfléchir sur la situation critique dans laquelle nous nous étions engagés.

Cependant la canonnade continuait. Kellermann occupait près du moulin de Valmy un poste dangereux, contre lequel notre feu était surtout dirigé. Là, un caisson sauta, et l'on se réjouit du mal que cela pouvait avoir causé chez les ennemis. Chacun était donc réduit à regarder et à écouter, qu'il fût au feu ou qu'il n'y fût pas. Nous nous arrêtâmes sur la chaussée de Châlons auprès d'un poteau qui indiquait le chemin de Paris. Ainsi nous avions à dos cette capitale, et l'armée française se trouvait entre nous et la patrie. Jamais peut-être plus forts verrous n'avaient été poussés. Situation bien alarmante pour un homme qui depuis quatre semaines étudiait incessamment une bonne carte du théâtre de la guerre.

Toutefois le besoin du moment maintient son droit, même en présence de la nécessité la plus prochaine. Nos hussards avaient heureusement surpris plusieurs chariots de pain qui devaient se rendre de Châlons à l'armée, et ils les amenaient par la chaussée. Comme nous devions trouver étrange d'être postés entre Paris et Sainte-Menehould, les Châlonnais ne pouvaient supposer que l'armée ennemie se trouvât entre eux et les leurs. Les hussards me laissèrent pour quelque argent un peu de ce pain. C'était le plus beau pain blanc. Les Français ont horreur du pain noir. J'en distribuai plus d'une miche à mes amis, à condition de m'en garder une portion pour les jours suivants. Je trouvai aussi l'occasion de faire un nouvel acte de prévoyance : un chasseur de l'escorte avait acheté de ces mêmes hussards une bonne couverture de laine; je lui proposai de me l'abandonner pour trois nuits, à raison de huit gros pour chaque nuit, à charge par lui de la garder pendant le jour. Il jugea ce marché très avantageux : la couverture lui avait coûté un florin : au bout de peu de temps, elle lui revenait avec profit. De mon côté, je devais aussi être satisfait : mes précieuses couvertures de laine de Longwy étaient restées avec le bagage, et, dans un moment où je n'avais ni feu ni lieu, je m'assurais un supplément à mon manteau.

Tout cela se passait au milieu du tonnerre incessant de l'artillerie. On tira ce jour-là dix mille coups de chaque côté. Nous ne perdîmes cependant que douze cents hommes, qui même tombèrent sans aucune utilité. Cet immense ébranlement éclaircit le ciel; la canonnade était si vive, qu'on eût dit des feux de peloton, mais inégaux, tantôt plus faibles, tantôt plus nourris. A une heure après-midi, après une courte pause, les feux redoublèrent de violence ; la terre tremblait véritablement, et cependant on ne voyait pas dans les positions le moindre changement. Personne ne savait où cela aboutirait.

J'avais beaucoup entendu parler de la fièvre de canon, et je désirais m'en rendre compte. L'ennui et un tempérament que tout danger porte à l'audace, et même à la témérité, m'engagèrent tout tranquillement à pousser mon cheval vers le bastion la Lune. Les nôtres l'avaient repris, mais il présentait un affreux aspect. Les toits percés, les gerbes de blé répandues alentour, les soldats mortellement blessés étendus çà et là, et quelquefois encore un boulet de canon qui, s'égarant de ce côté, fracassait les restes des tuiles. Seul et abandonné à moi-même, je chevauchais à gauche sur les hauteurs, et je pouvais d'un coup d'œil voir distinctement l'heureuse position des Français. Ils étaient rangés en amphitéâtre, dans un repos et une tranquillité imperturbables : toutefois Kellermann, placé à l'aile gauche, était plus accessible.

Je rencontrai bonne société, des officiers de l'état-major et du régiment qui étaient de ma connaissance. Ils furent extrêmement surpris de me trouver là, et ils voulurent me ramener avec eux, mais je leur fis entendre que j'avais des vues particulières, et, sans insister davantage, ils me laissèrent à mes fantaisies bien connues.

J'étais en plein dans la région où arrivaient les boulets envoyés par l'ennemi. Le bruit est assez étrange, on le dirait composé du bourdonnement de la toupie, du clapotage de l'eau et du sifflement de l'oiseau. Ils étaient moins dangereux, à cause du sol humide. Où ils tombaient, ils s'enfonçaient : ma folle expérience était du moins à l'abri du péril des ricochets.

Cependant je pus observer qu'il se passait en moi quelque chose d'extraordinaire. Je m'en rendais un compte exact, et toutefois on ne pourrait donner l'idée de cette sensation que par des images. Il semble qu'on soit dans un lieu très chaud et qu'on se sente pénétré de la même chaleur, et, par conséquent, en parfaite harmonie avec l'élément dans lequel on se trouve. Les yeux ne perdent rien de leur force et de leur clairvoyance, mais il semble que le monde ait pris une teinte rougeâtre, qui rend la situation, comme les objets, encore plus appréhensible. Je n'ai rien pu observer quant au mouvement du sang. Tout me semblait plongé dans cette fournaise : et voilà dans quel sens on a pu nommer cet état une fièvre. Cependant il est à remarquer que cette horrible angoisse nous est communiquée par les oreilles seulement, car le tonnerre du canon, les hurlements, les sifflements, le fracas des boulets dans l'air, sont la véritable cause de ces sensations.

Quand je fus revenu sur mes pas et en parfaite sûreté, je m'étonnai que tout cet embrasement s'éteignit tout à coup et qu'il ne restât pas le moindre vestige d'un mouvement fiévreux. Au reste, cet état est un des moins souhaitables où l'on se puisse trouver, et, parmi mes nobles et chers compagnons de guerre, je n'en ai pas rencontré un seul qui parût en avoir le goût passionné.

Ainsi s'était écoulé le jour; les Français restaient immobiles; Kellermann avait pris à son tour une meilleure position; on rappela nos gens du feu, et ce fut comme s'il ne s'était rien passé. La plus grande consternation se répandit dans l'armée. Le matin encore, on ne parlait que d'embrocher et de manger tous les Français. Ma confiance absolue dans une telle armée et dans le duc de Brunswick m'avait moi-même entraîné dans cette périlleuse expédition : maintenant chacun paraissait rêveur; on ne se regardait pas, ou, si cela arrivait, c'était pour jurer ou maudire. A la nuit tombante, nous avions par hasard formé un cercle, au milieu duquel un feu ne put même être allumé comme d'ordinaire. La plupart se taisaient, quelques-uns discouraient, et pourtant, à proprement parler, chacun manquait de réflexion et de jugement. Enfin on m'interpella, pour me demander ce que je pensais de tout cela (car j'avais assez souvent égayé et réjoui la compagnie par de courtes réflexions). Je répondis cette fois : « De ce lieu et de ce jour date une nouvelle époque dans l'histoire du monde, et vous pourrez dire : *J'y étais.* »

A ce moment, où personne n'avait rien à manger, je réclamai un morceau du pain que j'avais acheté le matin. Du vin que j'avais largement distribué la veille, il me restait le contenu d'un petit flacon d'eau-de-vie, et je dus renoncer complètement au rôle de bienfaisant thaumaturge que j'avais joué si hardiment la veille.

La canonnade avait à peine cessé que la pluie et l'orage recommencèrent et rendirent extrêmement fâcheuse notre position en plein air sur un sol argileux. Cependant, après une si longue veille, après une si grande agitation de corps et d'esprit, le sommeil annonça son approche quand la nuit se fit plus sombre. Nous nous étions installés tant bien que mal derrière une éminence qui arrêtait le vent rigoureux, quand l'idée vint à quelqu'un qu'il fallait nous enterrer pour cette nuit et nous couvrir de nos manteaux. On fit les préparatifs nécessaires ; plusieurs fossés furent creusés ; l'artillerie volante fournit les outils. Le duc de Weimar lui-même ne dédaigna pas cette sépulture anticipée. Alors je réclamai, contre les huit gros, la couverture de laine : je m'enveloppai dedans et j'étendis mon manteau par-dessus, sans en trop sentir l'humidité. Ulysse ne dormit pas avec plus de douceur et de satisfaction sous le manteau qu'il s'était procuré à peu près de la même façon [1].

Tout cela s'était fait contre la volonté du commandant, qui nous faisait observer que, sur une colline vis-à-vis, derrière des buissons, les Français avaient établi une batterie, avec laquelle ils pouvaient nous ensevelir tout de bon et nous anéantir à leur gré. Mais nous ne pûmes renoncer à notre asile abrité, commode et sagement imaginé, et, depuis, j'ai remarqué plus d'une fois que, pour avoir ses aises, on ne craint pas de s'exposer au danger.

Le 21 septembre, nos salutations réciproques, au moment du réveil, ne furent nullement sereines et joyeuses : on se sentait dans une situation humiliante et désespérée. Nous nous trou-

---

1. *Odyssée*, XIV, 464.

vions placés sur le bord d'un immense amphithéâtre, et, de l'autre côté, sur des hauteurs dont le pied était couvert par des rivières, des étangs, des ruisseaux, des marais, l'armée ennemie formait un demi-cercle immense. Nous étions en deçà absolument comme la veille, allégés de dix mille boulets, mais aussi mal placés pour l'attaque. Nos regards se portaient en bas sur une vaste arène, où les hussards des deux armées couraient entre les cabanes et les jardins, et, tantôt avançant, tantôt reculant, fixaient d'heure en heure l'attention des spectateurs par leurs simulacres de combats. Mais toutes ces courses, ces coups portés et rendus, n'eurent aucun résultat, si ce n'est qu'un des nôtres, qui s'était risqué trop hardiment entre les haies, fut enveloppé, et, ne voulant pas se rendre, fut tué d'un coup de feu.

Ce fut la seule victime des armes ce jour-là; mais l'épidémie qui nous avait envahis rendait plus triste et plus terrible notre situation incommode, pénible, misérable. Si belliqueux et résolu qu'on eût été la veille, on avouait qu'un armistice était désirable, car les plus courageux, les plus ardents, étaient forcés de reconnaître, après quelque réflexion, qu'une attaque serait l'entreprise la plus téméraire du monde. Les opinions flottèrent encore pendant le jour, où l'on garda, pour sauver les apparences, la même position que pendant la canonnade; mais, vers le soir, on changea un peu; enfin le quartier général fut porté à Hans, et nous fûmes rejoints par les bagages : c'est alors que nous apprîmes les alarmes, les dangers de nos domestiques, qui avaient failli tomber, avec tous nos effets, dans les mains de l'ennemi.

La forêt de l'Argonne, de Sainte-Menehould à Grandpré, était occupée par les Français; de là leurs hussards nous faisaient une audacieuse et sournoise petite guerre. Nous avions appris la veille qu'un secrétaire et quelques autres serviteurs du duc de Brunswick avaient été pris entre l'armée et la barricade des chariots, laquelle ne méritait nullement ce nom, car elle était mal établie, elle n'était point fermée ni suffisamment défendue. Les paniques se succédaient et y jetaient l'alarme, sans parler de la canonnade à une faible distance. Plus tard, le bruit, faux ou vrai, se répandit que les troupes françaises étaient déjà descendues des bois, et sur le point de s'emparer de tous les équipages. Un coureur du général Kalkreuth, qu'ils avaient pris et relâché, se donna une grande importance en assurant que, par d'heureux mensonges, en parlant d'une nombreuse escorte, de batteries volantes et d'autres moyens de défense, il les avait préservés d'une attaque. C'est possible ! Qui n'a pas eu à faire, qui n'a pas fait quelque chose dans ces moments critiques ?

Nous avions les tentes, les voitures, les chevaux, mais pas la moindre nourriture. Au milieu de la pluie, on manquait d'eau ; quelques étangs étaient déjà corrompus par les cadavres des chevaux. Tout cela réuni faisait une situation affreuse. Je ne comprenais pas pourquoi Paul Goetze, mon élève, mon serviteur et mon compagnon fidèle, recueillait très soigneusement l'eau de pluie amassée sur le cuir de ma voiture ; il m'apprit qu'il la réservait pour mon chocolat, dont il avait, par bonheur, apporté une provision. Je vis même des gens qui, pour apaiser une soif insupportable, puisaient l'eau dans les traces laissées par les pieds des chevaux. On achetait le pain des vieux soldats, qui, accoutumés aux privations, faisaient quelques épargnes pour se régaler d'eau-de-vie quand ils en pourraient trouver.

Le 22 septembre, on apprit que les généraux Manstein et Heymann s'étaient rendus à Dampierre, au quartier général de Kellermann, où Dumouriez devait aussi se rencontrer. C'était, en apparence, pour traiter de l'échange des prisonniers, du soin des malades et des blessés; mais on espérait, au milieu de nos revers, amener un nouvel état de choses. Depuis le 10 août, le roi de France était prisonnier; d'effroyables massacres avaient eu lieu pendant le mois de septembre; on savait que Dumouriez était pour le Roi et la constitution : il devait donc, pour sa propre sûreté, lutter contre la situation présente, et c'eût été un grand événement, s'il s'était joint aux alliés pour marcher sur Paris.

Depuis l'arrivée des équipages, la situation des gens du duc de Weimar était bien améliorée ; car il fallait rendre cette justice au camérier, au cuisinier et à d'autres domestiques qu'ils eurent toujours quelques provisions, et que, même dans la plus grande disette, ils surent nous donner des aliments chauds.

Cela me ranima : je courus de côté et d'autre, sans crainte aucune, pour faire un peu connaissance avec le pays. Ces collines basses n'avaient aucun caractère; aucun objet ne se distinguait des autres. Pour m'orienter, je cherchai la longue et haute allée de peupliers qui m'avait frappé la veille. Ne pouvant la découvrir, je crus m'être égaré bien loin; mais, avec plus d'attention, je reconnus qu'elle avait été abattue, emportée et peut-être déjà brûlée.

Aux endroits où les boulets avaient porté, on voyait de grands désastres. Les corps humains gisaient sans sépulture et les bêtes grièvement blessées ne pouvaient mourir. Je vis un cheval dont les pieds de devant s'étaient pris dans ses propres entrailles, sorties de son corps blessé, et qui se traînait ainsi misérablement.

En revenant au quartier, je rencontrai en rase campagne le prince Louis-Ferdinand, assis sur une chaise de bois qu'on lui avait apportée d'un village voisin. En même temps, quelques-uns de ses domestiques traînaient une pesante armoire de cuisine fermée à clef. Quelque chose ballottait dedans, disaient-ils : ils croyaient avoir fait une bonne capture. On se hâta de briser l'armoire, et l'on y trouva un gros livre de cuisine, et, tandis que le meuble, mis en pièces, flambait au feu, on lisait les excellentes recettes, et, cette fois encore, la faim et la convoitise étaient portées jusqu'au désespoir par l'imagination excitée.

---

24 septembre 1792.

Le plus horrible temps du monde fut en quelque façon éclairci par la nouvelle qu'un armistice était conclu, et qu'on avait du moins la perspective de pouvoir souffrir et jeûner avec quelque tranquillité d'esprit. Toutefois ce ne fut encore qu'une demi-consolation, car on apprit bientôt qu'on était seulement convenu que les avant-postes cesseraient leurs hostilités, mais qu'on était libre d'ailleurs de continuer les opérations de guerre. Cela était proprement stipulé à l'avantage des Français, qui pouvaient tout autour de nous changer leur position et nous envelopper mieux encore; nous, au contraire, nous ne pouvions que rester immobiles au centre et demeurer dans notre inertie. Les avant-postes profitèrent de la permission avec joie. Ils convinrent d'abord que ceux de l'un ou l'autre parti qui recevraient le vent et la pluie au visage auraient le droit de se retourner et de s'envelopper de leurs manteaux, sans avoir rien à craindre du parti contraire. Bien plus, les Français avaient encore quelques vivres; les Allemands étaient dépourvus de tout : leurs ennemis partagèrent avec eux, et l'on devint toujours meilleurs camarades; enfin les Français répandirent amicalement des feuilles imprimées, qui annonçaient, dans les deux langues, aux bons Allemands les avantages de la liberté et de l'égalité. Les Français imitaient en sens contraire le manifeste du duc de Brunswick; ils offraient amitié et hospitalité, et, quoiqu'ils eussent déjà sur pied plus de troupes qu'ils n'en pouvaient gouverner, cet appel, du moins dans ce moment, avait pour objet d'affaiblir le parti contraire plutôt que de les fortifier eux-mêmes.

Parmi mes compagnons d'infortune, je plaignais aussi dans ce moment deux jolis garçons de quatorze ou quinze ans. Ils avaient été mis en réquisition; avec quatre faibles chevaux, ils avaient à grand'peine traîné jusque-là ma légère calèche et ils souffraient en silence, pour leurs chevaux plus que pour eux ; mais il était aussi impossible de leur porter secours qu'à nous tous.

Comme c'était pour moi qu'ils avaient enduré toutes ces souffrances, je me sentais ému de compassion, et je voulus partager avec eux loyalement le pain de munition que j'avais acheté des hussards. Mais ils le refusèrent, assurant qu'ils ne pouvaient pas manger cela, et, comme je leur demandai ce qu'ils mangeaient donc à l'ordinaire, ils me répondirent : « De bon pain, de bonne soupe, de bonne viande, de bonne bière. » Or, tout étant bon chez eux et tout mauvais chez nous, je leur pardonnai volontiers de s'être échappés bientôt après en abandonnant leurs chevaux. Ils avaient d'ailleurs enduré bien des maux ; mais, si je ne me trompe, le pain de munition que je leur avais offert fut un effroyable fantôme qui les poussa à ce pas décisif. *Pain blanc, pain noir*, est le véritable schibolet, le cri de guerre, entre les Allemands et les Français.

Je ne dois pas négliger de faire ici une observation. Nous étions arrivés par le plus mauvais temps dans un pays qui n'est pas favorisé de la nature, mais qui nourrit pourtant sa population clair-semée, laborieuse, amie de l'ordre et contente de peu. Des contrées plus riches et plus illustres peuvent dédaigner celle-ci ; pour moi, je n'y ai trouvé ni vermine ni pouillis. Les maisons sont construites en maçonnerie et couvertes en tuiles, et partout règne une assez grande activité. D'ailleurs le mauvais territoire est large tout au plus de quatre à six lieues, et, près de l'Argonne, comme vers Reims et Châlons, la situation est déjà plus favorable. Des enfants, qu'on avait surpris dans le premier village venu, parlaient avec satisfaction de leur nourriture, et il me suffisait de me rappeler la cave de Somme-Tourbe et le pain blanc qui était arrivé de Châlons tout frais dans nos mains, pour être persuadé qu'en temps de paix la vermine et la faim n'ont pas précisément élu domicile dans ce pays.

***

25 septembre 1792.

On pouvait prévoir que pendant l'armistice les Français agiraient de leur côté, et c'est ce qui arriva. Ils cherchèrent à rétablir avec Châlons leurs communications perdues, et à repousser sur nos derrières ou plutôt à rejeter sur nous les émigrés; mais, ce qui était d'abord le plus fâcheux pour nous, c'est qu'ils pouvaient gêner, sinon arrêter complètement les convois qui arrivaient soit de l'Argonne, soit de Sedan et de Montmédy.

***

26 septembre 1792.

Comme on savait que je fixais mon attention sur toute sorte d'objets, on m'apportait tout ce qui pouvait paraître singulier. On me présenta entre autres un boulet de quatre, qui avait ceci de particulier que toute sa surface se terminait en pyramides cristallisées. Tant de boulets s'étaient fourvoyés le jour de la canonnade, qu'il pouvait bien s'en être perdu un de ce côté. J'imaginai toute espèce d'hypothèses pour m'expliquer comment le métal avait pu prendre cette forme, soit dans la fonte, soit plus tard. Un hasard m'en donna l'explication.

Après une courte absence, je rentrai dans ma tente et je demandai le boulet. On ne le trouvait pas. Comme j'insistais, on m'avoua qu'on l'avait soumis à diverses expériences, et qu'il s'était brisé. Je demandai les morceaux, et je vis, à ma grande surprise, une cristallisation qui, partant du centre, s'élargissait en rayonnant vers la surface. C'était une pyrite sulfureuse, qui, se trouvant en liberté avait dû prendre la forme globuleuse. Cette découverte me mena plus loin; je trouvai en nombre de ces pyrites sulfureuses, quoique plus petites, en forme de boules et de rognons ou d'autres figures moins régulières, mais parfaitement semblables en ceci qu'elles ne s'étaient fixées nulle part et que leur cristallisation tendait toujours vers un centre; aussi n'étaient-elles pas arrondies, mais terminées par des arêtes vives et des formes évidemment cristallines. S'étaient-elles formées dans le sol même, et en trouve-t-on de pareilles dans les champs labourés?

Mais je n'étais pas le seul dont l'attention fût attirée par les minéraux de la contrée. La belle craie qui se rencontrait partout n'était pas sans quelque valeur. Le soldat creusait-il seulement un trou en terre pour sa cuisine, il arrivait à la craie blanche la plus pure, qui lui était d'ailleurs si nécessaire pour la propreté de son équipement.

Aussi un ordre du jour prescrivit-il au soldat de faire une ample provision de cette substance nécessaire, qu'il trouvait là sans frais. Cet ordre donna lieu à quelques railleries : plongé dans une boue effroyable, on devait se charger de moyens de toilette et de propreté; on soupirait après le pain, et il fallait se contenter de poussière. Les officiers, de leur côté, trouvaient assez étrange de se voir mal reçus au quartier général, parce qu'ils ne se présentaient pas en tenue aussi propre, aussi soignée, que les jours de parade à Berlin ou à Potsdam. Les chefs n'y pouvant rien, on trouvait qu'ils ne devaient pas non plus gronder.

27 sep'embre 1792.

Une mesure de précaution un peu singulière pour combattre la famine, fut aussi mise à l'ordre : on devait battre aussi bien que possible les gerbes d'orge qu'on trouverait, faire bouillir le grain dans l'eau jusqu'à ce qu'il crevât, puis essayer d'apaiser sa faim avec cette nourriture.

Il vint à la troupe dont je faisais partie un meilleur secours. On voyait dans le lointain deux chariots embourbés, et, comme ils étaient chargés de provisions et d'autres choses nécessaires, on s'empressa d'aller à leur secours. L'écuyer de Séebach envoya tout de suite des chevaux; on délivra les voitures, mais on les amena sur-le-champ au régiment de Weimar; les charretiers protestèrent;

les vivres étaient destinés à l'armée autrichienne, et leurs passeports l'attestaient. Mais on les avait secourus; pour les protéger contre la presse et en même temps pour les retenir, on leur donna des gardes, et, comme nous leur payâmes ce qu'ils demandaient, ils durent trouver aussi chez nous leur véritable destination.

Le maître d'hôtel, les cuisiniers et leurs aides accoururent les premiers et prirent possession du beurre en tonneaux, des jambons et d'autres bonnes choses. Le concours augmentait; le plus grand nombre demandait à grands cris du tabac, qui se vendait fort cher. Mais les chariots étaient enveloppés, en sorte qu'à la fin personne n'en pouvait plus approcher. Nos gens et nos cavaliers m'appelèrent à leur aide, me priant avec instance de leur procurer cet objet, de tous le plus nécessaire. Los soldats me font place, je monte sur le premier chariot pour me tirer de la presse; je me fournis de tabac, autant que mes poches en peuvent contenir, et, quand je suis redescendu et me suis dégagé de la foule en faisant mes largesses, on me célèbre comme le plus grand bienfaiteur qui ait jamais eu pitié de l'humanité souffrante. Il était aussi arrivé de l'eau-de-vie : on s'en pourvut également, et on la payait volontiers un écu la bouteille.

Si l'on se trouvait au quartier général, où l'on arrivait quelquefois, ou si l'on voyait des personnes qui en venaient, on s'informait de l'état des choses. Il ne pouvait être plus critique. Le bruit des horreurs qui s'étaient passées à Paris se répandait de plus en plus, et ce qu'on avait d'abord tenu pour fable apparut enfin comme une épouvantable vérité. Le Roi et sa famille avaient été mis en prison; on parlait déjà de le déposer; la haine de la royauté se répandait de plus en plus, et l'on pouvait déjà prévoir qu'un procès serait instruit contre l'infortuné monarque. L'armée ennemie avait rétabli ses communications avec Châlons, où se trouvait Luckner, chargé d'enrégimenter les volontaires qui affluaient de Paris; mais ces gens, sortis de la capitale dans ces affreux premiers jours de septembre, à travers des flots de sang, apportaient le goût du meurtre et du pillage plutôt que d'une guerre régulière. A l'exemple de l'horrible populace parisienne, ils choisissaient arbitrairement des victimes pour leur ôter, selon le cas, le pouvoir, la fortune ou la vie. Il suffisait de lâcher ces bandes indisciplinées : elles nous donnaient le coup de grâce.

Les émigrés étaient refoulés sur nous, et l'on parlait de mille dangers qui nous menaçaient sur nos derrières et sur nos flancs. Dans le pays de Reims, il s'était formé, disait-on, une troupe de vingt mille paysans, armés de leurs outils et d'autres armes primitives, prises à la hâte. L'inquiétude était grande : eux aussi, ils pouvaient fondre sur nous.

Les officiers supérieurs assemblés le soir dans la tente du duc de Weimar discouraient sur ces événements. Chacun apportait sa nouvelle, sa supposition, son inquiétude, dans ce conseil perplexe, car il semblait qu'un miracle pût seul nous sauver. Je réfléchis dans ce moment qu'au milieu des situations fâcheuses nous aimons à nous comparer avec les grands personnages, surtout avec ceux qui se sont trouvés dans une situation plus fâcheuse encore : cela me conduisit à raconter, sinon pour amuser la compagnie, du moins pour la distraire, les plus terribles événements de la vie de saint Louis. Le Roi, dans sa croisade, veut d'abord abaisser le sultan d'Egypte, sous la dépendance duquel se trouve actuellement la Terre-Sainte. Damiette tombe sans siège dans les mains des chrétiens. Enflammé par son frère, le comte d'Artois, le Roi remonte la rive droite du Nil et marche sur Babylone (le Caire). On réussit à combler un canal alimenté par l'eau du Nil. L'armée passe; mais elle se trouve resserrée entre le Nil et ses canaux; les Sarrasins, au contraire, sont avantageusement postés sur les deux rives du fleuve. Passer les grands canaux devient difficile. On élève des bastilles contre les bastilles des ennemis; mais ils ont l'avantage du feu grégeois, qui fait beaucoup de mal aux machines et aux hommes. Que sert aux chrétiens leur ordre de bataille imperturbable? Ils sont incessamment harcelés par les Sarrasins, provoqués, assaillis, engagés par corps séparés dans des escarmouches. Quelques exploits isolés, quelques combats corps à corps, attirent l'attention, élèvent le courage; mais les héros et le Roi lui-même sont enveloppés. C'est en vain que les plus vaillants se frayent un passage; le désordre s'accroît. Le comte d'Artois est en danger; le Roi hasarde tout pour le sauver. Son frère est déjà mort; le mal s'élève au plus haut point. Dans cette chaude journée, il s'agit de défendre un pont jeté sur un canal latéral, pour empêcher les Sarrazins de prendre l'armée à dos. Un petit nombre de guerriers, qui occupent ce poste, est assailli de toutes façons : les soldats ennemis lancent des flèches, les goujats des pierres et de la boue. Au milieu de ce danger, le comte de Soissons dit au sire de Joinville : « Sénéchal, laissons aboyer et hurler ces chiens. Par le trône de Dieu (c'est ainsi qu'il avait coutume de jurer)! nous parlerons encore de ce jour en chambre devant les dames. »

On sourit; on accepta l'augure, on discourut sur les incidents possibles; on insista sur les raisons qu'avaient les Français de nous ménager plutôt que de nous perdre; l'armistice longtemps observé, la conduite de l'ennemi jusqu'alors modérée, donnaient quelque espérance. Pour l'entretenir, je revins encore à l'histoire, et je rappelai, en produisant la carte spéciale, qu'à deux milles de là, vers l'ouest, s'étendait le fameux Champ du Diable [1], jusqu'où Attila s'avança en 451 avec ses bandes innombrables, et où il fut battu par les princes bourguignons avec l'aide du général romain Aétius. S'ils avaient poursuivi leur victoire, Attila aurait péri avec toute son armée; mais Aétius, qui ne voulait pas ôter aux princes bourguignons toute crainte de ce puissant ennemi, parce qu'il les aurait vus d'abord se tourner contre les Romains, les persuada l'un après l'autre de retourner chez eux, et le roi des Huns échappa avec les restes de son immense armée.

A ce moment, on annonça l'arrivée du convoi de pain qu'on attendait de Grandpré. Cela ranima les courages; on se sépara plus tranquilles, et je pus lire au duc jusqu'au matin un livre français

---

1. Les Champs Catalauniques.

amusant, qui était tombé dans mes mains par un singulier hasard. Ces plaisanteries audacieuses, téméraires, qui, dans la situation la plus grave, provoquaient encore le rire, me rappelaient ces joyeux chasseurs de Verdun, qui entonnaient des chansons gaillardes en allant à la mort. Et certes, si l'on en veut éloigner l'amertume, il ne faut pas être trop délicat sur le choix des moyens.

---

28 septembre 1792.

Le pain était arrivé, non sans peine et sans perte : en venant à nous de Grandpré, où se trouvait la boulangerie, plusieurs chariots étaient restés embourbés, d'autres étaient tombés dans les mains de l'ennemi; d'ailleurs une partie du transport était immangeable. Dans ce pain aqueux et qu'on avait cuit précipitamment, la mie se séparait de la croûte, et dans l'entre-deux se développait la moisissure. On craignait encore le poison, et l'on m'apporta de ce pain, dont les trous présentaient cette fois une couleur d'orange foncée, qui faisait soupçonner l'arsenic et le soufre, comme le pain de Verdun le vert-de-gris. Mais, sans être empoisonné, il provoquait le dégoût; le besoin trompé aiguisait la faim; les maladies, la misère, le découragement, pesaient durement sur cette grande masse de braves gens. Dans ces angoisses, nous fûmes encore surpris et troublés par une incroyable nouvelle : on disait que le duc de Brunswick avait envoyé son manifeste à Dumouriez, qui, dans sa surprise et son indignation, avait aussitôt dénoncé l'armistice et ordonné la reprise des hostilités.

Si grande que fût la calamité présente, et quoiqu'on en prévît de plus grandes encore, nous ne pûmes nous empêcher de railler et de rire. « On voit bien, disions-nous, les maux qu'entraîne après elle la qualité d'auteur. Tout poète, tout écrivain, présente volontiers ses ouvrages à chacun, sans demander si le moment est propice : il en est de même du duc de Brunswick ; pour savourer les joies de la paternité, il produit encore, on ne peut plus mal à propos, son malheureux manifeste. »

Nous nous préparions à entendre les avant-postes commencer leurs feux ; nous observions toutes les collines d'alentour pour voir s'il ne paraissait point d'ennemi, mais tout était aussi tranquille et aussi silencieux que s'il ne fût rien arrivé. Cependant on vivait dans la plus pénible incertitude ; car chacun voyait bien que, selon la stratégie, nous étions perdus, si l'ennemi avait la moindre envie de nous inquiéter et de nous presser. Mais, dans cette perplexité, on apercevait déjà quelques signes d'entente et d'accommodement : on avait, par exemple, échangé le maître de poste de Sainte-Menehould contre les personnes de la suite du Roi, prises le 20 septembre entre les chariots et l'armée.

29 septembre 1792.

Vers le soir, conformément aux ordres donnés, les bagages se mirent en mouvement, ils prirent les devants sous l'escorte du régiment de Brunswick; l'armée devait suivre à minuit. Tout s'ébranla, mais tristement et lentement. Avec la meilleure volonté, on glissait sur cette terre détrempée et l'on tombait tout à coup. Cependant ces heures aussi passèrent : le temps et les heures franchissent à la course les plus mauvais jours.

La nuit était venue, et nous devions encore la passer sans sommeil. Le ciel n'était pas défavorable; la pleine lune éclairait; mais elle n'avait rien à éclairer. Les tentes avaient disparu; les bagages, les voitures et les chevaux, tout était bien loin, et notre petite société se trouvait surtout dans une étrange position. Nos chevaux devaient nous prendre à la place où nous étions, et ils n'avaient pas paru. Aussi loin que nous portions la vue, à la faveur de cette pâle lumière, tout semblait désert et vide. En vain prêtions-nous l'oreille : on n'entendait aucun bruit, comme on ne voyait aucune figure. Incertains et flottants, nous préférâmes ne pas quitter la place désignée, de peur de mettre nos gens dans le même embarras et de les manquer tout à fait. Mais c'était quelque chose d'affreux, en pays ennemi, après de tels événements, d'être, ou du moins de paraître pour le moment, isolés, abandonnés. Nous observions si peut-être l'ennemi ne ferait pas une démonstration, mais on n'apercevait pas le moindre mouvement favorable ou défavorable.

Nous amassons peu à peu toute la paille restée des tentes voisines, et nous la brûlons, non sans inquiétude. Attirée par la flamme, une vieille vivandière s'approche de nous. Pendant la retraite, elle s'était peut-être attardée dans quelques villages éloignés et n'était pas restée oisive, car elle portait sous les bras des paquets assez volumineux. Après qu'elle nous eut salués et qu'elle se fut réchauffée, elle commença par élever jusqu'au ciel le grand Frédéric, et la guerre de Sept ans, qu'elle prétendait avoir suivie encore enfant, puis elle se répandit en invectives contre les princes et les chefs d'aujourd'hui, qui menaient une si grande retraite dans un pays où la vivandière ne pouvait faire son métier, à quoi l'on aurait dû penser d'abord. Sa manière de considérer les choses pouvait amuser et distraire un moment. Enfin nos chevaux arrivèrent, à notre grande joie, et nous commençâmes avec le régiment de Weimar cette périlleuse retraite.

Les mesures de prévoyance, les ordres significatifs, faisaient craindre que les ennemis ne restassent pas spectateurs oisifs de notre marche rétrograde. On avait vu avec anxiété pendant le jour les bagages, et surtout l'artillerie, labourant le sol détrempé, s'avancer d'une marche cahotante : comment tout se passerait-il pendant la nuit? On voyait avec regret des chariots de bagage précipités, brisés, couchés dans les ruisseaux ; on laissait en gémissant des malades sans secours. De quelque côté qu'on portât la vue dans cette contrée, dont on avait quelque connaissance, on avouait qu'il n'y avait point de salut à espérer, aussitôt que l'ennemi, que nous savions avoir à dos, à droite et à gauche, jugerait à propos de nous attaquer. Mais la chose n'ayant pas eu lieu dans les premières heures, les cœurs, qui avaient besoin d'espérance, se rassurèrent bientôt, et, comme l'esprit humain voudrait attribuer un sens et une raison à tout ce qui arrive, on se disait avec confiance que les négociations entre les quartiers généraux de Hans et de Sainte-Menehould s'étaient terminées heureusement et à notre avantage. Cette persuasion augmenta d'heure en heure, et, quand je vis faire halte et toutes les voitures se parquer, conformément à l'ordre, au delà du village de Saint-Jean, je fus convaincu que nous arriverions dans nos foyers et que nous pourrions raconter nos souffrances et en parler en bonne compagnie « devant les dames ». Cette fois encore, je communiquai ma persuasion à mes amis, et déjà nous supportions gaiement la calamité présente.

On n'avait pas établi de camp; mais nos gens dressèrent une grande tente, et ils étendirent dedans et dehors, en guise de lits, les plus belles gerbes de blé. La lune brillait dans l'atmosphère apaisée ; on n'apercevait qu'une traînée de légers nuages ; tous les environs étaient visibles et distincts à peu près comme de jour. La lune éclairait les hommes dormants, les chevaux, tenus éveillés par le besoin de fourrage ; dans le nombre, beaucoup de blancs, qui reflétaient fortement la lumière ; les bâches blanches des chariots, tout, jusqu'aux gerbes blanches, sur lesquelles nous devions goûter le repos, répandait la clarté et la sérénité sur cette scène émouvante. Certes le plus grand peintre se serait estimé heureux d'être capable de reproduire un pareil tableau.

Je me retirai fort tard dans la tente, et j'espérais dormir d'un profond sommeil ; mais la nature a mêlé à ses dons les plus beaux certains désagréments : c'est, par exemple, un des défauts les plus insociables de l'homme, que, tandis qu'il dort, et justement quand il goûte lui-même le plus profond repos, il tient souvent son compagnon éveillé par un ronflement effréné. Tête contre tête, moi au dedans, lui hors de la tente, j'étais couché auprès d'un homme qui troublait absolument par d'effroyables soupirs le repos qui m'était si nécessaire. Je détachai la corde du piquet de la tente, pour reconnaître mon ennemi : c'était un de nos bons serviteurs. Il était enseveli dans un profond sommeil, à la clarté de la lune, comme un autre Endymion. L'impossibilité de goûter le repos dans un pareil voisinage éveilla chez moi l'humeur maligne. Je pris un épi de blé, et je promenai la paille vacillante sur le front et le nez du dormeur. Troublé dans son repos, il se passa plusieurs fois la main sur le visage, et, dès qu'il était replongé dans le sommeil, je répétais mon jeu, sans qu'il pût comprendre d'où un taon pouvait venir dans cette saison. Enfin j'amenai les choses au point que, s'étant tout à fait réveillé, il se décida à se lever. Cependant j'avais perdu moi-même toute envie de dormir. Je sortis de la tente, et j'admirai dans le tableau, qui avait peu changé ce repos immense à côté du péril le plus grand et toujours imaginable; et comme, dans ces moments, nous flottons tour à tour entre l'angoisse et l'espérance, l'inquiétude et la tranquillité, je fus de nouveau saisi d'horreur à la pensée que, si l'ennemi s'avisait alors de nous surprendre, pas un rayon de roue, pas un ossement humain n'échapperait.

Le jour naissant ramena les distractions. Plus d'un objet bizarre se présentait. Deux vieilles cantinières s'étaient affublées de plusieurs robes de soie de diverses couleurs. Elles en portaient même une en foulard et par-dessus tout encore un mantelet. Elles se pavanaient plaisamment dans ce bel équipage, et prétendaient avoir acquis par achat et par échange cette toilette de carnaval.

30 septembre 1792.

Toutes les voitures se mirent en marche de grand matin : cependant nous ne fîmes qu'une traite fort courte, car nous nous arrêtâmes à neuf heures entre Laval et Varge-Moulin. Gens et bêtes cherchaient le repos ; on n'avait pas établi de camp. L'armée survint et se posta sur une hauteur. Partout régnaient l'ordre et le silence. On pouvait très bien remarquer, à diverses mesures de précaution, que tout danger n'était pas encore passé ; on faisait des reconnaissances ; on s'entretenait en secret avec des personnes inconnues ; on faisait ses préparatifs pour un nouveau départ.

1er octobre 1792.

Le duc de Weimar conduisait l'avant-garde et couvrait en même temps la retraite des bagages. L'ordre et le silence régnèrent cette nuit, et l'on se berçait dans ce repos, lorsqu'à minuit l'ordre vint de partir. Tout annonçait que cette marche n'était pas sûre, à cause des coureurs qui pouvaient nous menacer de la forêt de l'Argonne. Eût-on même fait un accord avec Dumouriez et l'autorité supérieure, ce qui ne pouvait être envisagé comme certain, l'obéissance n'était pas à l'ordre du jour, et la troupe postée dans la forêt pouvait fort bien se déclarer indépendante et faire une tentative pour nous perdre, ce que personne n'aurait désapprouvé.

Ce jour-là encore, nous fîmes peu de chemin. La pensée était de tenir ensemble les équipages et l'armée, et de marcher du même pas que les Autrichiens et les émigrés, qui faisaient leur retraite parallèlement, sur notre flanc gauche. Nous fîmes halte vers huit heures, aussitôt que nous eûmes dépassé Rouvray. On dressa quelques tentes. La journée était belle, et le repos ne fut pas troublé.

Je trouve à propos de rapporter ici un vœu plaisant que je fis dans ces jours de détresse : je me promis, si je voyais une fois l'armée hors d'affaire et si je rentrais dans mes foyers, de ne jamais faire entendre une plainte sur le pignon de mon voisin, qui masque la vue de ma chambre, ce pignon que mon plus ardent désir était bien plutôt de revoir à cette heure; en outre, je ne me plaindrais plus à l'avenir de malaise et d'ennui dans un théâtre allemand, où l'on peut du moins rendre toujours grâces à Dieu d'être sous le toit, quelque chose qui se passe sur la scène. Je fis encore un troisième vœu, mais il est sorti de ma mémoire.

C'était déjà quelque chose que chacun sût si bien se tirer d'affaire par lui-même; les bêtes de somme et les voitures, les hommes et les chevaux, restaient ensemble, chacun dans sa division. Pour nous, à chaque halte, à chaque campement, nous trouvions la table dressée, des chaises et des bancs; la chère aurait pu nous sembler par trop maigre, mais on connaissait la disette générale et l'on se résignait discrètement.

Cependant la bonne fortune me réservait un meilleur festin. La nuit était tombée de bonne heure; chacun s'était couché sur la paille préparée. Je m'étais endormi comme les autres, mais un vif et agréable songe me réveilla. Il me sembla que je flairais, que je savourais des morceaux délicieux. Là-dessus, m'étant réveillé tout à fait, je levai la tête : ma tente se trouvait remplie d'une excellente odeur de graisse de porc rôtie et braisée, qui excita fort ma convoitise. Revenus à l'état de nature, nous étions excusables de tenir le porcher pour un dieu et un rôti de porc pour un mets inestimable. Je me levai et j'aperçus à quelque distance un feu qui se trouvait, par un heureux hasard, au-dessus du vent. De là me venaient à flots ces bonnes fumées. Je m'avançai sans balancer vers la clarté, et je trouvai tous nos domestiques occupés autour d'un grand feu, qui allait se réduire en braises, le dos d'un porc déjà presque à point, le reste mis en morceaux, prêt à être empaqueté, et chacun collaborait activement à la confection des saucisses. Je contemplai avec plaisir cette scène d'activité. Ces bonnes gens m'étaient affectionnés; aussi, quand ils en vinrent à la distribution, me firent-ils accepter un excellent morceau. Le pain ne fit pas défaut, non plus qu'un coup d'eau-de-vie. Le régal fut complet. Malgré cela, on me donna encore un bon morceau de saucisse, lorsque nous nous mîmes en selle, par la nuit et le brouillard. Je le mis dans mes fontes. Et voilà comme la faveur du vent de nuit me valut un bon souper.

***

2 octobre 1792.

Mais le corps avait-il recouvré quelques forces en prenant un peu de nourriture, et l'âme avait-elle trouvé de l'apaisement dans des consolations morales, elle n'en flottait pas moins entre l'espérance et la crainte, la colère et la honte ; on se réjouissait de vivre encore : on maudissait la vie dans de telles conditions. A deux heures après minuit, nous levâmes le camp, nous longeâmes un bois avec précaution ; nous arrivâmes près de Vaux, à travers l'emplacement du camp que nous avions quitté naguère, et bientôt nous fûmes au bord de l'Aisne. Nous y trouvâmes deux ponts, qu'on y avait jetés, et qui nous mirent sur la rive droite. Nous fîmes halte entre les ponts, et en vue de tous deux, dans une alluvion de sable, ombragée de saules ; on alluma un bon feu de cuisine et l'on nous eut bientôt préparé les meilleures lentilles que j'aie jamais mangées et de longues, rouges, exquises pommes de terre ; et lorsque enfin les jambons qui nous venaient des voituriers autrichiens, et qu'on avait soigneusement cachés jusqu'alors, se trouvèrent cuits à point, on eut de quoi réparer ses forces.

Les équipages étaient déjà passés. Alors s'ouvrit une scène aussi triste qu'imposante. L'armée franchit les ponts, infanterie et artillerie ; la cavalerie passa par un gué ; toutes les figures étaient sombres, les bouches muettes : cela faisait une affreuse impression. Arrivait-il un régiment dans lequel on retrouvait des connaissances, des amis, on accourait, on s'embrassait, on s'entretenait. Et que de questions échangées ! quels gémissements! quelle humiliation ! Les larmes aussi coulèrent.

Cependant nous nous félicitâmes d'être établis en véritables vivandiers, afin de pouvoir soulager les grands et les petits. Une caisse de tambour d'un piquet posté là servit de table; puis on apporta des villages voisins des tables et des chaises. Nous fîmes de notre mieux pour nos hôtes de tout genre. Le prince héréditaire et le prince Louis se régalèrent de nos lentilles; plus d'un général qui voyait de loin de la fumée s'en approcha. Mais, quelles que fussent nos provisions, qu'était-ce pour tant de monde? Il fallut doubler, tripler la dose, et notre réserve diminua. Notre prince aimait à faire part de tout ce qu'il avait, et ses gens suivaient son exemple. Il serait difficile d'énumérer tous les malheureux malades qui furent secourus au passage par le camérier et le cuisinier.

Ainsi se passa tout le jour, et la retraite se développa devant moi, non par échantillon et par figure, mais dans sa complète réalité; chaque nouvel uniforme renouvelait et multipliait la douleur. Un si affreux spectacle devait avoir un dénouement digne de lui. On vit s'avancer de loin le Roi, suivi de son état-major. Il s'arrêta quelque temps devant le pont, comme s'il avait voulu se recueillir et se consulter encore une fois; mais il finit par suivre les siens. Le duc de Brunswick parut aussi à l'autre pont; il hésita, et il passa.

La nuit vint, orageuse, mais sans pluie, et nous la passâmes presque sans sommeil dans notre graveleuse et triste saulaie.

---

3 octobre 1792.

Le lendemain, à six heures, nous quittâmes cette place et, franchissant une colline, nous arrivâmes à Grandpré, où nous trouvâmes les troupes campées. Là, nouvelle douleur et nouveaux soucis : le château avait été transformé en hôpital, et il renfermait déjà plusieurs centaines de malheureux, qu'on ne pouvait ni secourir ni soulager. Nous passâmes avec horreur, et nous dûmes les abandonner à l'humanité de l'ennemi.

Là, nous fûmes de nouveau surpris par une furieuse pluie, qui paralysa tous les mouvements.

---

4 octobre 1792.

La difficulté d'avancer devenait toujours plus grande, et, pour éviter la route, qui était impraticable, on essaya de prendre à travers champs.

Le sol, de couleur rougeâtre, plus tenace encore que la terre crayeuse, empêchait toute marche. Les quatre petits chevaux pouvaient à peine traîner mon coupé. Je voulus du moins les soulager du poids de ma personne. Je ne voyais point de cheval de selle à ma portée : le grand fourgon de cuisine, attelé de six forts chevaux, vint à passer. J'y montai. Il n'était pas tout à fait dégarni, mais la fille de cuisine était blottie dans le coin et paraissait fort triste. Je me livrai à mes études. J'avais tiré du coffre le troisième volume du dictionnaire de physique de Gehler. Un dictionnaire est une fort bonne compagnie dans de pareilles circonstances, où chaque moment amène une interruption, et il procure d'ailleurs la meilleure distraction en nous faisant passer d'un sujet à un autre.

On s'était engagé imprudemment dans ces champs d'argile rouge, tenaces, semés de ruisseaux ; dans ces terres labourées, le robuste attelage du fourgon de cuisine finit par manquer de force. J'étais, dans cet équipage, comme la parodie de Pharaon dans la mer Rouge; car, autour de moi, cavaliers et fantassins étaient sur le point de s'abîmer dans la même couleur. Je portais avec impatience mes regards sur toutes les hauteurs voisines; enfin j'aperçus les chevaux de selle, et, dans le nombre, mon cheval blanc. Je fis des signes pressants pour qu'on me l'amenât, et, après avoir confié mon dictionnaire de physique à la pauvre servante malade, et l'avoir recommandé à ses soins, je m'élançai sur mon cheval, bien résolu à ne pas remonter de sitôt en voiture. Mon allure était désormais plus indépendante, mais non plus facile et plus prompte.

On nous avait représenté Grandpré comme un théâtre de peste et de mort, et nous le laissâmes volontiers derrière nous. Plusieurs amis se rencontrèrent et se rangèrent en cercle autour d'un feu, en tenant derrière eux leurs chevaux par la bride. C'était, dirent-ils, la seule fois que j'avais eu l'air chagrin, et que je ne les avais pas fortifiés par ma gravité ou réjouis par mes badinages.

4 et 5 octobre 1792.

Le chemin que l'armée avait pris menait à Buzancy, car on voulait passer la Meuse au-dessus de Dun. Nous campâmes tout près de Sivry ; nous n'avions pas encore tout dévoré dans ses environs. Le soldat se jeta dans les premiers jardins et gâta ce qui aurait pu profiter à d'autres. J'engageai notre cuisinier et ses gens à fourrager avec méthode ; nous fîmes le tour du village entier, et nous trouvâmes des jardins encore intacts et une riche moisson, qui ne nous fut pas disputée. Il y avait là des choux et des oignons, des carottes et d'autres plantes potagères en abondance : nous n'en prîmes que dans la mesure de nos besoins, avec modération et ménagement. Le jardin n'était pas grand, mais proprement tenu. Avant que nous en fussions sortis à travers la haie, je me demandai comment il se pouvait faire que, dans un jardin attenant à la maison, on ne pût découvrir aucune trace d'une porte de communication avec le bâtiment voisin. Quand nous revînmes avec notre butin, nous entendîmes un grand bruit devant le régiment. Un cheval, qui avait été mis en réquisition dans le voisinage vingt jours auparavant, avait échappé à son cavalier. Il avait emporté le pieu auquel il était lié ; le cavalier fut très malmené, menacé, et on lui ordonna de ramener son cheval.

Comme on avait résolu de se reposer le 5 dans le pays, nous fûmes logés à Sivry. Après tant de souffrances, nous trouvâmes délicieuse la vie domestique, et nous pûmes encore observer, pour nous amuser et nous distraire, le caractère homérique et pastoral des maisons champêtres de France. On n'entrait pas immédiatement de la rue dans la maison : on se trouvait d'abord dans un petit espace ouvert, carré, tel que la porte elle-même le donnait; de là, on arrivait par la véritable porte de la maison dans une chambre spacieuse, haute, destinée à la famille; elle était carrelée de briques; à gauche, contre la longue muraille, un foyer adossé au mur et reposant sur la terre; le conduit qui absorbait la fumée surplombait. Après avoir salué les hôtes, on s'avançait avec plaisir dans ce lieu, où l'on voyait que la place de chacun était réglée définitivement. A droite, près du feu, un haut coffret à couvercle, qui servait aussi de siège. Il renfermait le sel, dont la provision devait être gardée dans un lieu sec. C'était la place d'honneur, qu'on offrait d'abord à l'étranger le plus marquant; les autres arrivants s'asseyaient sur des sièges de bois avec les gens de la maison. Pour la première fois je pus observer là exactement le *pot-au-feu* national. Une grande marmite de fer était suspendue à un crochet, qu'on pouvait élever et abaisser au moyen d'une crémaillère; dans la marmite se trouvait déjà une bonne pièce de bœuf avec l'eau et le sel. On y ajouta des carottes, des navets, des poireaux, des choux et d'autres légumes.

Tandis que nous nous entretenions amicalement avec ces bonnes gens, j'observais l'heureuse disposition du dressoir, de l'évier, des tablettes, où étaient rangés les pots et les assiettes. Tout cela occupait l'espace allongé que le carré du vestibule ouvert laissait de côté intérieurement. Tous les ustensiles étaient brillants de propreté et rangés en bon ordre; une servante ou une sœur de la maison soignait tout parfaitement. La mère de famille était assise près du feu, tenant un petit garçon sur ses genoux; deux petites filles se pressaient contre elle. On mit la table, on posa dessus une grande écuelle de terre, dans laquelle on jeta du pain blanc coupé en petites tranches; le bouillon chaud fut versé dessus, et l'on nous souhaita un bon appétit. Les jeunes garçons qui dédaignaient mon pain de munition auraient pu m'adresser à ce modèle « de bon pain et de bonne soupe ». Après quoi, on nous servit la viande et les légumes, qui s'étaient trouvés cuits en même temps, et toute personne aurait pu se contenter de cette simple cuisine.

Nous questionnâmes ces gens avec intérêt sur leur situation. Ils avaient déjà beaucoup souffert à notre premier passage, quand nous étions demeurés si longtemps près de Landres; à peine rétablis, ils craignaient d'être complètement ruinés par le retour de l'armée ennemie. Nous leur témoignâmes de la sympathie et de l'affection; nous leur donnâmes l'assurance consolante que cela ne durerait pas longtemps, puisqu'il n'y avait plus après nous que l'arrière-garde; nous leur adressâmes des conseils et des directions sur la manière dont ils devaient se conduire avec les traînards. L'orage et la pluie redoublant tour à tour, nous passâmes la plus grande partie du jour à couvert, au coin du feu, méditant sur le passé, et songeant, non sans inquiétude, à ce qui allait arriver. Depuis Grandpré, je n'avais revu ni ma voiture, ni mes effets, ni mon domestique, et je passais en un moment de l'espérance à la crainte. La nuit était venue, les enfants allaient se coucher; ils s'approchèrent avec respect du père et de la mère, firent la révérence, leur baisèrent la main et dirent : « Bonsoir, papa! bonsoir, maman! » avec une grâce charmante. Bientôt après, on vint nous dire que le prince de Brunswick était dangereusement malade dans notre voisinage, et nous allâmes demander de ses nouvelles. On refusa notre visite, et l'on nous assura que le prince était beaucoup mieux, et qu'il se proposait de partir le lendemain matin.

A peine étions-nous revenus au coin du feu, chercher un asile contre l'effroyable pluie, qu'un jeune homme entra, qu'à sa ressemblance frappante avec notre hôte nous prîmes pour son frère, et il se trouva que nous avions bien deviné. Sous le costume des campagnards français, un fort bâton à la main, il entra dans la chambre. C'était un beau jeune homme. Très sérieux, même chagrin, il prit place avec nous auprès du feu sans mot dire; mais, à peine se fut-il réchauffé, qu'il se promena de long en large avec son frère, puis ils passèrent dans la chambre voisine. Ils eurent à part une conversation très vive. Après quoi le frère sortit, malgré cette pluie effroyable, sans que nos hôtes cherchassent à le retenir.

Mais, nous aussi, nous fûmes appelés dehors dans cette nuit orageuse par des cris d'angoisse et de détresse. Nos soldats, sous prétexte de chercher du fourrage au grenier, s'étaient mis à piller, et fort maladroitement, ayant enlevé à un tisserand ses outils, qui leur étaient absolument inutiles. Avec une remontrance sévère et quelques bonnes paroles, nous arrangeâmes la chose : peu des nôtres se permettaient de tels actes, mais combien cela ne pouvait-il pas devenir contagieux et tout mettre sens dessus dessous !

Plusieurs personnes s'étant rassemblées, un hussard de Weimar, boucher de son état, vint me confier qu'il avait découvert dans la maison voisine un cochon gras ; il le marchandait, mais le propriétaire ne voulait pas le lui céder. Il nous priait de venir à son secours, car, les jours suivants, on allait manquer de tout. Il était assez bizarre que nous, qui avions tout à l'heure empêché le pillage, nous fussions sollicités à une pareille entreprise. Cependant, comme la faim ne connait point de loi, nous suivîmes le hussard dans la maison désignée. Nous trouvons également un grand feu de cuisine ; nous saluons les gens et nous prenons place auprès d'eux. Un autre hussard de Weimar, nommé Liseur, s'était joint à nous, et nous avions remis l'affaire à son habileté. Il parlait le français couramment. Il commença par discourir sur les vertus des troupes régulières, faisant l'éloge des personnes qui ne veulent se procurer que contre argent comptant les vivres les plus nécessaires ; en revanche, il invectiva contre les traîneurs, les goujats et les vivandiers, qui ont coutume de tout s'approprier violemment jusqu'au dernier *ongle*. Il voulait donc conseiller en ami à chacun de songer à vendre, parce que l'argent est toujours plus facile à cacher que les animaux, qu'on peut aisément découvrir. Toutefois ses arguments semblaient avoir fait peu d'impression, quand sa négociation fut interrompue d'une manière assez étrange.

Quelqu'un heurta violemment à la porte, solidement fermée. On ne répondit pas, parce qu'on n'avait aucune envie de laisser entrer de nouveaux convives. Le bruit continua, entremêlé de cris lamentables. C'était une voix de femme, qui priait et suppliait en bon allemand qu'on ouvrit la porte. Enfin on s'attendrit et on ouvre. Une vieille cantinière s'élance dans la maison, portant sur le bras quelque chose enveloppé dans un linge; derrière elle, une jeune personne, qui n'était point laide, mais pâle, exténuée, et se soutenant à peine. La vieille expose sa situation en quelques mots énergiques, en même temps qu'elle nous montre un enfant, dont cette femme est accouchée dans la fuite. Retardées par cet accident, maltraitées par les paysans, elles étaient enfin arrivées à notre porte. La mère, dont le lait avait tari, n'avait pu donner encore à l'enfant aucune nourriture, et la vieille demandait avec emportement de la farine, du lait, une marmite, enfin du linge pour envelopper l'enfant. Comme elle ne savait pas le français, il nous fallait demander en son nom; mais son air impérieux, sa vive pantomime, donnaient à nos paroles assez de poids. On ne pouvait apporter assez vite ce qu'elle demandait, et ce qu'on apportait ne lui paraissait jamais assez bon. La rapidité de son action n'était pas moins étonnante. Elle nous eut bientôt écartés du feu, pour établir l'accouchée à la meilleure place, tandis qu'elle se mettait à son aise sur son escabeau, comme si elle eût été seule dans la maison. En en clin d'œil, l'enfant fut lavé, enveloppé, la bouillie cuite; la vieille donna à manger à l'enfant, puis à la mère : elle pensait à peine à elle-même. Ensuite elle demanda des habits pour l'accouchée pendant que les siens séchaient. Nous admirions cette femme. Elle s'entendait en réquisitions !

La pluie avait diminué, nous regagnâmes notre premier logement, et, bientôt après, les hussards amenèrent le porc. Nous payâmes un prix raisonnable. Il s'agissait d'immoler la victime, et nous fûmes surpris de trouver nos hôtes disposés à seconder nos hussards, car ils avaient eu sujet de trouver leur conduite violente. Dans la chambre où se fit l'opération, les enfants dormaient dans des lits bien propres. Éveillés par le vacarme, ils regardaient avec une frayeur ingénue de dessous leurs couvertures. Près d'un grand lit à deux places, entouré soigneusement de serge verte, était suspendue la proie, de sorte que les rideaux formaient un fond pittoresque au corps éclairé. C'était un effet de nuit incomparable. Mais les habitants n'avaient garde de se livrer à des observations pareilles. Nous remarquâmes seulement qu'ils n'étaient pas fort bien disposés pour le voisin, et que l'affaire leur causait une maligne joie. On leur avait d'ailleurs promis une part du gâteau. Tout cela rendit l'opération plus facile, et il fallait qu'elle fût achevée en quelques heures. Notre hussard se montra aussi expéditif dans sa besogne que la bohémienne l'avait été dans la sienne. En attendant le résultat, nous nous étendimes dans la forge de notre hôte sur de belles gerbes, et nous dormimes paisiblement jusqu'au jour. Cependant notre hussard était venu à bout de son affaire; dans la maison un déjeuner se trouva prêt, et le reste, on l'avait déjà empaqueté, après avoir fait aux hôtes leur part, au vif chagrin de notre monde, qui soutenait qu'avec ces gens la bonté était mal placée, et qu'ils avaient encore bien des provisions cachées, que nous n'avions pas su éventer.

En observant l'intérieur de la chambre, je trouvai à la fin une porte verrouillée, qui, d'après sa position, devait donner sur un jardin. Je pus voir, par une petite fenêtre à côté, que je ne me trompais pas. Le jardin était un peu plus élevé que la maison, et je le reconnus pour celui où nous nous étions pourvus de légumes le matin. La porte était barricadée, et si bien masquée par dehors, que je compris pourquoi je l'avais inutilement cherchée le matin. Il était donc écrit que, en dépit de toutes les précautions, nous visiterions aussi la maison.

---

6 octobre 1792.

Dans de pareilles circonstances, on ne peut espérer un moment de repos, ni la moindre durée d'une situation quelconque. Au point du jour, tout le village fut soudain dans une grande agitation. C'était encore l'histoire du cheval échappé. Le cavalier, qui avait ordre de le retrouver ou de subir sa peine et de suivre à pied, avait couru les villages voisins, où, pour se débarrasser de ses importunités, on avait fini par lui assurer que le cheval devait être caché à Sivry ; qu'on y avait enlevé, quelques semaines auparavant, un cheval noir, tel qu'il le décrivait ; or le cheval s'était échappé immédiatement avant Sivry, et l'on ajoutait encore d'autres indices. Il y vint, accompagné d'un sous-officier sévère, qui, en menaçant le village tout entier, trouva enfin le mot de l'énigme. Le cheval avait en effet couru à Sivry chez ses anciens maîtres ; la famille avait été, disait-on, au comble de la joie de revoir cet ancien serviteur ; tous les voisins y avaient pris part. On avait monté avec assez d'adresse le cheval dans un grenier, et on l'avait caché derrière du foin. Chacun gardait le secret. Cependant le cheval fut retiré de sa cachette au milieu des plaintes et des gémissements, et tout le village fut dans l'affliction, quand le cavalier l'enfourcha et suivit le brigadier. Nul ne songeait à ses propres souffrances ni à l'incertitude de la situation générale ; le cheval et son propriétaire, déçu pour la seconde fois, étaient le sujet de ce rassemblement. On eut un moment d'espérance. Le prince royal de Prusse vint à passer, et, comme il voulut demander le sujet de cet attroupement, les bonnes gens le supplièrent de leur faire rendre le cheval. Il n'en avait pas le pouvoir, car les nécessités de la guerre sont plus fortes que les rois. Il laissa ces gens inconsolables en s'éloignant sans rien dire.

Alors nous entretînmes encore une fois nos hôtes sur la tactique qu'ils devaient suivre avec les traînards, car cette canaille commençait à se montrer.

A notre avis, le mari et la femme, avec les servantes et les valets, devaient se tenir à la porte, en arrière du petit vestibule, et donner, hors de la maison, un morceau de pain, un coup de vin, si on le demandait, mais s'opposer résolument à ce qu'on entrât de force. Ces gens n'attaquent guère une maison; mais, une fois qu'ils y ont pénétré, on n'est plus maître de les contenir. Ces bonnes gens nous priaient de rester encore, mais nous devions penser à nous-mêmes; le régiment du duc était en avant et le prince royal était parti : nous ne pouvions plus différer.

Nous reconnûmes combien nous avions agi prudemment, lorsque, ayant rejoint la colonne, nous apprîmes que l'avant-garde des princes français avait été assaillie la veille par les paysans entre les Grandes et les Petites-Armoires, aussitôt qu'elle eut laissé derrière elle le Chêne-Populeux et l'Aisne. Un officier avait eu un cheval tué sous lui. Le domestique du commandant avait eu son chapeau traversé par une balle. Alors je me rappelai que, la nuit dernière, quand le mal gracieux beau-frère était entré dans la maison, je n'avais pu me défendre d'un pressentiment de ce genre.

Nous étions sortis des dangers les plus pressants, mais notre retraite était toujours pénible et hasardeuse, le transport de nos effets de jour en jour plus difficile; car nous menions avec nous un mobilier complet, outre les ustensiles de cuisine, des tables, des bancs, des coffres, des caisses, des chaises, et même deux fourneaux de tôle. Comment ramener toutes ces voitures, quand le nombre des chevaux diminuait tous les jours? Les uns tombaient, les autres n'avaient plus de forces. Il ne restait qu'à abandonner une voiture pour emmener les autres. On choisit le plus indispensable. Une voiture fut abandonnée avec tout ce qu'elle contenait. Cette opération fut répétée plusieurs fois. Notre équipage en devint beaucoup plus léger, et pourtant nous dûmes faire des réductions nouvelles, quand nous nous trainâmes, avec les plus grandes difficultés, le long des basses rives de la Meuse.

Cependant j'avais un sujet particulier de vives inquiétudes : c'est que depuis quelques jours je ne voyais plus ma voiture. Je devais supposer que mon domestique, toujours si résolu, s'était trouvé dans l'embarras, qu'il avait perdu ses chevaux et n'avait pu s'en procurer d'autres. Mon imagination se faisait les plus tristes peintures. Mon cher coupé de Bohême, qui était un cadeau de mon prince, et qui m'avait mené si loin, je le voyais enfoncé dans la boue ou versé et renversé, et, tel que j'étais à cheval, je portais donc sur moi tout mon avoir. Mes habits, mes manuscrits de toute sorte, et maints objets que l'habitude m'avait rendus chers, tout me semblait perdu et déjà dispersé dans le monde.

---

7 et 8 octobre 1792.

Nous remontions la rive gauche de la Meuse, pour arriver à l'endroit où nous devions la passer, et atteindre, de l'autre côté, la grande route ; nous étions justement dans les prairies les plus marécageuses, lorsqu'on nous annonça que le duc de

Brunswick était sur nos pas. Nous fîmes halte et nous le saluâmes respectueusement. Il s'arrêta aussi tout près devant nous, et il me dit : « Je suis fâché de vous voir dans cette désagréable position ; cependant je dois me féliciter de ce qu'un témoin de plus, un témoin éclairé, digne de foi, pourra déclarer que nous avons été vaincus, non par les ennemis, mais par les éléments. »

Il m'avait vu en passant au quartier général de Hans et savait que j'avais suivi toute cette malheureuse expédition. Je lui fis une réponse convenable, et je lui exprimai mon chagrin de ce qu'après tant de souffrances et de fatigues il avait eu un grand sujet d'inquiétude dans la maladie du prince son fils, à quoi nous avions pris une grande part à Sivry la nuit dernière. Il fut touché de ces paroles, car le prince était son enfant chéri, puis il nous le fit remarquer à quelque distance. Nous saluâmes aussi le prince. Le duc nous souhaita à tous patience et persévérance, et moi je lui souhaitai une santé inaltérable, parce qu'alors il ne lui manquerait rien pour nous sauver et sauver aussi la bonne cause. Il ne m'avait, à vrai dire, jamais aimé : j'avais dû en prendre mon parti ; il l'avait fait connaître : je pouvais le lui pardonner. Maintenant le malheur était devenu un doux médiateur qui éveillait entre nous la sympathie.

Nous avions franchi la Meuse et pris la route qui mène des Pays-Bas à Verdun. Le temps était plus horrible que jamais. Nous campâmes près de Consenvoy. Le malaise, la souffrance étaient au comble ; les tentes étaient trempées ; d'ailleurs point de toit, point d'abri. On ne savait où se mettre, ma voiture ne reparaissait point, et je manquais des choses les plus nécessaires. Si l'on parvenait à se cacher sous une tente, il ne fallait pas espérer d'y trouver une couche. Comme on soupirait après la paille! après une simple planche! et puis, au bout du compte, il ne restait qu'à s'étendre sur la terre humide et froide.

Mais j'avais déjà imaginé autrefois, en des cas pareils, un moyen pratique de supporter ces extrémités. Je restais sur mes pieds jusqu'à ce que mes genoux fussent brisés de fatigue; ensuite je m'asseyais sur un pliant, et je persistais, jusqu'à ce qu'il me semblât que j'allais tomber : alors je me trouvais à merveille de toute place où l'on pouvait s'étendre de son long. Comme la faim sera toujours le meilleur assaisonnement, la fatigue est le plus excellent soporifique.

Nous avions ainsi passé deux jours et deux nuits, quand le triste état de quelques malades profita aussi aux bien portants. Le valet de chambre du duc était atteint de la contagion; le prince avait sauvé du lazaret de Grandpré un jeune gentilhomme du régiment : il résolut de les envoyer tous deux à Verdun, qui était à deux milles de là. Le camérier Wagner fut chargé de les soigner, et, sur la gracieuse exhortation du prince, je n'hésitai pas à prendre la quatrième place. Nous partîmes avec une lettre pour le commandant, et, au moment de prendre nos places, le caniche ne pouvant rester en arrière, la dormeuse, naguère si chérie, parut être un demi-hôpital, et quelque chose comme une ménagerie.

Nous eûmes pour escorte et pour commissaire des

vivres ce hussard, nommé Liseur, originaire de Luxembourg, qui connaissait la contrée et qui réunissait le savoir-faire, l'adresse et l'audace d'un partisan; il chevauchait devant nous d'un air satisfait et se donnait bonne apparence à lui et à notre voiture attelée de six forts chevaux blancs. Emballé avec des gens atteints d'une maladie contagieuse, je n'éprouvais aucune appréhension. L'homme qui reste fidèle à lui-même trouve pour toute situation une maxime secourable. Dès que le péril était grand, j'avais à mon service le plus aveugle fatalisme, et j'ai remarqué que les hommes qui exercent un métier très dangereux se sentent fortifiés et trempés par cette croyance. La religion mahométane en est la meilleure preuve.

---

9 octobre 1792.

Le triste hôpital ambulant avançait d'une marche lente et faisait naître de sérieuses réflexions, car nous suivions la même route militaire par laquelle nous étions entrés dans le pays avec tant de courage et d'espérance. Nous arrivâmes à la place où le premier coup avait été tiré des vignes, au chemin creux où la jolie femme était tombée dans nos mains et avait été reconduite chez elle, au petit mur d'où elle nous avait salués avec les siens et disposés à l'espérance. Que tout cela paraissait changé! Et comme les suites d'une campagne inutile paraissaient plus tristes encore à travers le voile nébuleux d'une pluie continuelle!

Cependant, au milieu de ces lugubres impressions, m'attendait la plus agréable surprise. Nous atteignîmes une voiture, qui cheminait devant nous, traînée par quatre petits chevaux sans apparence. Ce fut une scène amusante et une joyeuse reconnaissance : car c'était ma voiture, mon domestique. « Paul, m'écriai-je, petit diable, est-ce toi ? Comment te trouves-tu ici ? » Le coffre reposait tranquillement à sa place accoutumée : quel objet réjouissant ! Et, comme je demandais à la hâte des nouvelles du portefeuille et du reste, deux amis s'élancèrent de la voiture, le secrétaire intime Weyland et le capitaine Vent. Quel plaisir de se retrouver ! J'appris alors ce qui s'était passé.

Depuis la fuite des deux jeunes paysans, mon domestique avait su poursuivre sa route avec les quatre chevaux, et il s'était traîné non seulement de Hans jusqu'à Grandpré, mais aussi de l'endroit où je l'avais perdu de vue jusqu'à l'Aisne, qu'il avait traversée, et toujours exigeant, demandant, fourrageant, réquisitionnant, jusqu'au moment de notre heureuse rencontre. Et maintenant, tous réunis et fort joyeux, nous continuâmes de nous acheminer à Verdun, où nous espérions trouver à suffisance repos et rafraîchissement. Le hussard avait usé à cet effet des meilleures précautions. Il avait pris les devants, et, trouvant la presse fort grande dans la ville, il s'était bientôt convaincu qu'il n'y avait rien à espérer, selon les voies ordinaires, de l'activité et des bonnes dispositions du comité des logements. Heureusement il vit dans la cour d'une belle maison les préparatifs d'un prochain départ ; il revint à nous au galop, nous expliqua ce que nous avions à faire, et courut, aussitôt que les premiers hôtes furent partis, occuper la porte de la cour, empêcher qu'on ne la fermât et nous recevoir bien à souhait. Nous entrons, nous descendons de voiture, malgré les protestations d'une vieille gouvernante, qui, à peine délivrée d'un logement, ne se sentait aucune envie d'en recevoir un nouveau, surtout sans billet. Cependant les chevaux étaient déjà dételés et dans l'écurie; nous nous étions partagé les chambres du second étage; le maître, vieux gentilhomme et chevalier de Saint-Louis, souffrit la chose; ni lui ni la famille ne voulurent entendre parler de leurs hôtes, surtout de Prussiens en retraite.

---

10 octobre 1792.

Un jeune garçon, qui nous promenait dans la ville dévastée, nous demanda d'un air significatif si nous n'avions pas goûté des incomparables petits pâtés de Verdun, et là-dessus il nous mena chez le plus célèbre faiseur. Nous entrâmes dans une grande cour, autour de laquelle étaient des fours grands et petits, et, au milieu, une table et des bancs, pour qu'on pût manger la pâtisserie sortant du four. L'artiste survint, mais il nous exprima, dans les termes les plus vifs, son désespoir d'être hors d'état de nous servir, attendu qu'il manquait absolument de beurre. Il nous montra les plus belles provisions de la plus belle farine de froment; mais à quoi lui servaient-elles sans beurre et sans lait ? Il vanta son talent, l'approbation des habitants, des voyageurs, et se lamenta de manquer des choses les plus nécessaires, juste au moment où il trouvait l'occasion de se montrer à des étrangers si qualifiés et d'étendre sa renommée. Il nous conjura donc de lui procurer du beurre, et nous fit entendre que, si nous voulions montrer quelque sévérité, il s'en trouverait bien quelque part. Cependant il se tranquillisa pour le moment, sur notre promesse de lui faire venir plus tard du beurre de Jardin-Fontaine.

Notre jeune guide, qui continuait à courir la ville avec nous, paraissait se connaître aussi bien en jolis minois qu'en petits pâtés, et, comme nous lui demandâmes qui était une jeune personne admirablement belle, qui s'était penchée à la fenêtre d'une maison bien bâtie : « Ah ! s'écria-t-il, après nous l'avoir nommée, que cette jolie tête se tienne bien sur ses épaules ! C'est une de ces personnes qui ont offert des fleurs et des fruits au roi de Prusse. Sa famille croyait déjà remonter au pinacle; mais la chance a tourné : à présent, je ne changerais pas avec elle. » Il parlait de cela avec une singulière tranquillité, comme d'une chose toute naturelle, qui ne pouvait être et qui ne serait pas autrement.

Mon domestique revint de Jardin-Fontaine, où il était allé saluer son hôte et lui rendre sa lettre pour sa sœur de Paris. Le malin personnage avait reçu la lettre d'un air assez débonnaire, et il avait régalé mon serviteur, en le chargeant d'inviter son maître, qu'il promettait de traiter aussi bien.

Mais nous ne devions pas avoir si bonne chance. A peine avions-nous pendu la marmite sur le feu, qu'une ordonnance arriva, qui nous signifiait gracieusement, au nom du commandant, M. de Corbière, que nous devions faire nos préparatifs pour quitter Verdun le lendemain à huit heures. Extrèmement surpris de devoir quitter précipitamment notre asile, sans pouvoir seulement nous remettre un peu, et de nous voir rejetés dans le monde horrible et fangeux, nous alléguâmes la maladie du jeune gentilhomme et du valet de chambre, sur quoi on nous conseilla de chercher à les transporter plus loin aussitôt que possible, parce que les hôpitaux devaient être évacués pendant la nuit, et qu'on ne laisserait que les malades absolument hors d'état d'être transportés. Nous fûmes saisis d'horreur, car jusqu'alors personne n'avait douté que les alliés ne gardassent Verdun et Longwy, si même on ne prenait pas encore quelques places fortes, pour se ménager de sûrs quartiers d'hiver. Nous ne pouvions renoncer tout d'un coup à ces espérances : aussi nous parut-il probable qu'on voulait seulement délivrer les places fortes des malades sans nombre et de l'incroyable cohue qui les encombrait, afin de pouvoir y loger ensuite les garnisons nécessaires. Toutefois le camérier Wagner, qui avait remis au commandant la lettre du duc, croyait voir dans ces mesures les plus fâcheux indices. Mais, quelle que fût en somme l'issue de tout cela, nous devions cette fois nous résigner à notre sort, et nous mangions tranquillement notre simple pot-au-feu, sans nous presser, quand une nouvelle ordonnance arriva, qui nous invitait à faire notre possible pour quitter Verdun à trois heures du matin, sans délai ni demeure. Le camérier Wagner, qui croyait savoir le contenu de la lettre adressée au commandant, y voyait un aveu formel que la place serait aussitôt rendue aux Français. Là-dessus, nous pensâmes à la menace du jeune garçon; nous pensâmes à la jolie demoiselle si bien parée, aux fruits et aux fleurs, et nous déplorâmes pour la première fois avec une douleur vive et profonde la fin désastreuse d'une grande entreprise.

Quoique j'eusse trouvé dans le corps diplomatique de vrais et honorables amis, aussi souvent que je les rencontrais au milieu de ces grands mouvements, je ne pouvais réprimer certaines saillies moqueuses : ils me faisaient l'effet de directeurs de théâtre, qui choisissent les pièces, distribuent les rôles, et se promènent sans attirer l'attention de personne, tandis que la troupe, en bel équipage, doit livrer le résultat de leurs efforts aux chances du hasard et aux caprices du public.

Le baron de Breteuil demeurait vis-à-vis de chez nous. Depuis l'histoire du collier, il n'était pas sorti de ma pensée. Sa haine pour le cardinal de Rohan l'entraîna à la plus affreuse précipitation. La secousse produite par ce procès ébranla les fondements de l'Etat, anéantit le respect pour la reine et pour les classes supérieures en général, car malheureusement tout ce qui fut dit ne fit que révéler l'horrible corruption de la cour et des grands.

On crut cette fois qu'il avait provoqué l'étrange convention qui nous obligeait à la retraite, et qu'on excusait en supposant les conditions les plus favorables : on assurait que le roi, la reine et la famille royale seraient délivrés, et qu'on obtiendrait encore plusieurs autres concessions désirables. Mais la question de savoir comment ces grands avantages diplomatiques s'accorderaient avec tout ce que nous savions d'ailleurs faisait germer plus d'un doute.

Les chambres que nous habitions étaient décemment meublées. Je remarquai une armoire dont les portes vitrées me laissaient voir un grand nombre de cahiers in-quarto, pareils et régulièrement coupés. Je reconnus ainsi, à ma grande surprise, que notre hôte avait été un des notables appelés à Paris en 1787. Dans ces cahiers étaient imprimées ses instructions. La modération des demandes qu'on faisait alors, la modestie avec laquelle on les présentait, formaient un parfait contraste avec la violence, l'orgueil et le désespoir du temps présent. Je lus cette brochure avec une véritable émotion, et j'en emportai quelques exemplaires.

---

11 octobre 1792.

Après une nuit sans sommeil, nous étions sur le point de monter dans notre voiture, déjà tournée vers la porte cochère, quand nous trouvâmes un obstacle insurmontable : des voitures de malades, formant une colonne serrée, traversaient, entre les pavés amoncelés de part et d'autre, la ville, devenue un marais fangeux. Comme nous attendions ainsi un moyen de sortir d'embarras, notre hôte, le chevalier de Saint-Louis, passa près de nous sans nous saluer. La surprise que nous causa son apparition matinale et malgracieuse se changea bientôt en pitié : son domestique, qui marchait sur ses pas, portait un paquet attaché à un bâton, et nous comprîmes trop bien que, après avoir revu ses foyers quatre semaines auparavant, il devait les abandonner, comme nous, nos conquêtes.

Je remarquai ensuite que ma chaise était menée par de meilleurs chevaux, et mon cher Paul m'avoua qu'il avait échangé contre du sucre et du café les premiers, qui étaient faibles et hors de service, mais qu'aussitôt après il avait réussi à s'en procurer d'autres par réquisition. C'était sans doute grâce à l'activité de l'adroit Liseur. Il réussit également à nous faire avancer. Il lança son cheval dans un intervalle, et il arrêta la voiture qui suivait, jusqu'à ce que nos équipages à quatre et à six chevaux se fussent logés dans la file. Alors je pus respirer de nouveau le grand air dans ma légère calèche.

Nous allions d'un pas d'enterrement, mais enfin nous allions. Le jour parut, nous nous trouvâmes devant la ville dans la plus grande confusion du monde. Toutes les espèces de voitures, de rares cavaliers, d'innombrables piétons, se croisaient dans la grande place devant la porte. Nous prîmes à droite, du côté d'Etain, avec notre colonne; nous suivions un chemin étroit bordé de fossés de part et d'autre.

Dans cette presse effroyable, l'instinct de la conservation personnelle ne connaissait plus de pitié, plus de ménagements ; non loin de nous, un cheval tomba devant un chariot de bagages : on coupa les traits et on laissa le cheval gisant ; mais, les trois autres ne pouvant plus traîner la voiture, on coupa aussi leurs traits, on jeta dans le fossé la voiture pesamment chargée, et, après une très courte halte, nous passâmes outre et par-dessus le cheval, qui essayait de se relever. Je vis distinctement ses jambes broyées sous les roues.

Cavaliers et piétons cherchaient à se sauver par les prés de cette route étroite et impraticable : mais les prés étaient aussi trempés à fond, inondés par les fossés débordés ; la suite des sentiers était partout interrompue. Quatre soldats français, d'une beauté remarquable, proprement vêtus, pataugèrent quelque temps à côté de nos voitures, en se maintenant toujours propres et nets. Ils savaient si bien choisir leur pas dans cette boue, qu'ils n'en avaient pas plus haut que la cheville.

Que, dans ces circonstances, on vit les fossés, les prés et les champs couverts de chevaux morts, c'était la suite naturelle de la situation ; mais bientôt on les vit aussi écorchés et dépecés : triste preuve de la disette générale.

Nous avancions, menacés à chaque instant de verser au moindre cahot. Dans cette conjoncture, nous ne pouvions assez nous louer des attentions de notre guide. Elles parurent encore à Étain, où nous arrivâmes vers midi. C'était de toutes parts une confusion étourdissante, dans les rues et les places de cette jolie petite ville ; la masse flottait çà et là, et, tandis que chacun se poussait en avant, tous s'embarrassaient les uns les autres. Tout à coup notre guide fit arrêter nos voitures devant une belle maison de la place du marché; nous entrâmes; le maître du logis et sa femme nous saluèrent à une distance respectueuse.

On nous conduisit dans une chambre du rez-de-chaussée. La pièce était lambrissée; un bon feu brûlait dans une cheminée de marbre noir. Nous ne fûmes pas fort satisfaits de nous voir dans la grande glace placée au-dessus; je n'avais pas encore pris la résolution de faire couper court mes longs cheveux, qui flottaient alors sur mes épaules comme une quenouille emmêlée; ma barbe inculte ajoutait à l'air sauvage de ma personne.

Nous pouvions, des fenêtres basses, embrasser toute la place d'un coup d'œil, et saisir, pour ainsi dire, avec les mains ce tumulte sans bornes. Des piétons de toute sorte, militaires, infirmes, bourgeois bien portants, mais tristes, femmes, enfants, se pressaient et s'écrasaient entre les véhicules de toute forme : voitures de bagages, voitures à ridelles, à un cheval, à plusieurs; des centaines de chevaux réquisitionnés et autres, reculant, se heurtant, se gênaient à droite et à gauche. On voyait aussi filer des bêtes à cornes, qu'on avait probablement enlevées ou mises en réquisition. Il se présentait peu de cavaliers; mais on remarquait avec étonnement les élégantes voitures des émigrés, vernies de diverses couleurs, dorées, argentées, les mêmes peut-être que j'avais déjà admirées à Grevenmachern. La presse la plus grande était à l'endroit où la foule, qui remplissait la place, devait continuer sa marche par une rue droite, il est vrai, et régulière, mais, relativement parlant, beaucoup trop étroite. Je n'ai vu de ma vie rien de semblable. C'est comme un torrent qui vient de déborder sur des prairies et des champs, et qui doit poursuivre sa course par l'arche étroite d'un pont et dans un lit resserré.

Un flot irrésistible, étrange, suivait la pente de la longue rue qu'on enfilait à perte de vue de nos fenêtres; une haute voiture de voyage à deux places dominait le torrent : elle nous fit penser aux belles Françaises, mais ce n'étaient pas elles; c'était le comte de Haugwitz, que je voyais, avec un malin plaisir, s'éloigner pas à pas en chancelant.

Cependant on nous avait préparé un bon repas; un gigot excellent, de bon vin, de bon pain en abondance, et, à côté du plus grand tumulte, nous étions dans un repos admirable; comme celui qui, assis au pied d'un fanal, sur la digue de pierre, devant la mer en tourmente, voit le mouvement des flots orageux, et çà et là un navire en proie à leur caprice; mais, dans cette maison hospitalière, une douloureuse scène de famille nous attendait. Le fils de la maison, beau jeune homme, entraîné par l'exaltation générale, s'était enrôlé depuis quelque temps à Paris dans l'armée nationale et s'y était distingué. Quand les Prussiens eurent envahi la France, que les émigrés furent arrivés avec l'orgueilleuse espérance d'une victoire certaine, les parents, qui partageaient leur confiance, pressèrent, conjurèrent leur fils d'abandonner sans délai sa position, qu'il devait désormais détester, et de revenir combattre pour la bonne cause. Le fils revient malgré lui, par piété filiale, au moment où les Prussiens, les Autrichiens et les émigrés se retirent; il accourt, désespéré, à travers la presse, dans la maison paternelle. Que doit-il faire? et quelle réception lui feront-ils? Joyeux de le revoir, désolés de le perdre encore dans le même instant, troublés par la crainte de voir leurs biens engloutis dans cet orage!..... Favorable au nouveau système, parce qu'il est jeune, il revient par contrainte à un parti qu'il déteste, et, quand il se résigne à cette destinée, il voit ce parti succomber. Échappé de Paris, il sait que son nom est déjà inscrit sur la liste fatale des traîtres, et, dans ce moment, il se voit banni de sa patrie, chassé de la maison paternelle; ses parents, qui voudraient savourer sa présence, sont contraints de le repousser, et lui, dans la joie douloureuse du retour, il ne sait comment s'arracher de leur sein; les embrassements sont des reproches, et la séparation, dont nous sommes témoins, est affreuse.

Tout cela s'était passé devant la porte de notre chambre et dans le vestibule de la maison. A peine le silence fut-il rétabli et les parents se furent-ils éloignés en pleurant, qu'une scène, peut-être plus singulière encore, plus surprenante, dans laquelle nous étions intéressés, et qui nous mit dans l'embarras, finit, quoique fort saisissante, par nous arracher un sourire. Quelques villageois, hommes, femmes et enfants, s'élancent dans notre appartement et se jettent à mes pieds, en poussant des gémissements et des cris. Avec toute l'éloquence de la douleur et du désespoir, ils se plaignent qu'on enlève leur beau bétail. Ils paraissent être les fermiers d'un grand domaine. Je pouvais, dirent-ils, tout voir de la fenêtre : leur bétail passait; les Prussiens s'en étaient emparés. Ils me prient de donner des ordres, de venir à leur secours. Je m'avance vers la fenêtre, pour me donner le temps de réfléchir; mon drôle de hussard se place derrière moi et me dit : « Pardonnez-moi! Je vous ai fait passer pour le beau-frère du roi de Prusse, afin de trouver ici bon accueil et bon gîte; il est fâcheux que les paysans soient venus, mais adressez-moi ces gens avec quelques bonnes paroles, et paraissez convaincu que je saurai mener l'affaire à bien. »

Que devais-je faire? Surpris et mécontent, je me recueillis et je parus réfléchir à la chose. « On vante à la guerre, me disais-je, la ruse et la finesse! Qui se laisse servir par des fripons court le risque d'en être la dupe. Il faut éviter ici un scandale inutile et honteux. » Et comme le médecin, dans les cas désespérés, prescrit encore une recette qui soutient l'espérance, je congédiai ces bonnes gens, en leur répondant avec plus de gestes que de paroles, et je me dis, pour me tranquilliser, que, si le véritable héritier présomptif n'avait pu, à Sivry, faire rendre aux malheureux leur cheval, le prétendu beau-frère du Roi était excusable d'écarter de pauvres diables en les payant d'une défaite.

La nuit était profonde quand nous arrivâmes à Sébincourt; toutes les fenêtres étaient éclairées, preuve que toutes les chambres étaient occupées. A chaque porte, les habitants protestaient qu'ils ne pouvaient recevoir de nouveaux hôtes, les hôtes, qu'ils ne pouvaient admettre de compagnons. Mais notre hussard entra sans façon, et, trouvant dans la salle quelques soldats français autour de la cheminée, il les pressa de faire à des seigneurs, qu'il conduisait, une place au coin du feu. Nous entrâmes en même temps. Les soldats furent polis et se rangèrent; mais, reprenant bientôt leur singulière posture, ils étendirent vers le feu leurs pieds levés en l'air. Ils faisaient par moments un tour de salle en courant et revenaient à leur première attitude. Alors je pus observer que leur affaire essentielle était de sécher le bas de leurs guêtres. Bientôt je les reconnus : c'étaient ces mêmes soldats que j'avais vus le matin marcher si joliment dans la boue, à côté de notre voiture. Arrivés plus tôt que nous, ils avaient déjà lavé et brossé à la fontaine le bas de leur chaussure, et maintenant ils la séchaient, pour affronter galamment le lendemain une boue nouvelle. Conduite exemplaire, qu'on aurait lieu souvent de se rappeler dans la vie! Je me souvins à ce sujet de mes chers camarades, qui avaient reçu en murmurant l'ordre de veiller à leur propreté.

Mais il ne suffit pas à l'habile et officieux Liseur de nous avoir procuré un abri; il renouvela audacieusement la fiction de midi; le noble général, le beau-frère du Roi, opéra puissamment et chassa d'une chambre à deux lits toute une troupe d'honnêtes émigrés. En revanche, nous accueillîmes dans la même chambre deux officiers allemands. Moi, je me retirai, devant la porte, dans ma vieille et bonne dormeuse, dont le timon, tourné cette fois vers l'Allemagne, réveilla chez moi d'étranges pensées, qui furent toutefois bien vite interrompues par le sommeil.

———

12 octobre 1792.

Ce jour parut encore plus triste que la veille ; les chevaux, accablés de fatigue, étaient tombés plus souvent, et gisaient en plus grand nombre, avec les voitures versées, dans les prés au bord de la route. Par les ouvertures des fourgons fracassés tombaient des portemanteaux élégants, qui appartenaient à un corps d'émigrés. La brillante apparence de ces objets abandonnés et sans maîtres excitait la convoitise des passants, et plusieurs se chargeaient de fardeaux qu'ils devaient bientôt rejeter à leur tour. De là est venu peut-être le bruit que, dans la retraite, les Prussiens avaient pillé les émigrés.

On faisait encore sur ces aventures plus d'un récit plaisant. Une voiture d'émigrés, pesamment chargée, s'était embourbée et avait été abandonnée au pied d'une colline. Des soldats arrivés ensuite, la fouillent, trouvent des coffrets de moyenne grandeur, singulièrement pesants, les portent avec une peine infinie sur la hauteur voisine. Là, ils veulent partager le butin. Quelle surprise ! De chaque coffre brisé tombe une masse de cartes à jouer, et les chercheurs d'or se dédommagent en se moquant les uns des autres.

Nous nous rendîmes par Longuyon à Longwy, et, puisque les images des scènes de plaisir qui ont marqué dans notre vie s'effacent de la mémoire, il faut s'estimer heureux que les tristes images des scènes d'horreur cessent de faire sur l'imagination une impression aussi vive. Pourquoi répéterais-je que les chemins n'étaient pas meilleurs, qu'à chaque pas, comme auparavant, on voyait avec horreur entre les voitures versées des chevaux écorchés et fraîchement dépecés? On pouvait remarquer assez souvent sous les buissons, qui les couvraient mal, des cadavres humains pillés et dépouillés; d'autres étaient gisants à découvert au bord de la route.

Cependant nous devions, cette fois encore, trouver quelque rafraîchissement dans un chemin détourné, non sans faire en même temps de tristes réflexions sur la position du bourgeois riche et bienveillant, au milieu des maux affreux de la guerre, cette fois tout à fait inattendus.

---

13 octobre 1792.

Notre guide ne voulut pas avoir vanté témérairement les riches et bons parents qu'il avait dans la contrée. Il nous fit faire un détour par Arlon, jolie petite ville, où nous fûmes annoncés par lui à une famille honnête et considérée, qui nous reçut d'une manière très amicale, dans une maison bien bâtie et bien tenue. Ces bonnes âmes furent charmées de voir leur cousin, et crurent qu'il se trouvait en meilleure posture d'avoir de l'avancement, puisqu'il avait reçu la charge de nous sortir de la plus dangereuse bagarre avec deux voitures, avec tant de chevaux, et, comme il le leur avait fait accroire, avec tant d'or et d'effets précieux. Nous pûmes d'ailleurs lui rendre le meilleur témoignage pour la manière dont il nous avait conduits jusqu'alors, et, sans croire bien fermement à la conversion de cet enfant prodigue, nous lui étions si redevables cette fois que nous ne pûmes refuser de prendre quelque confiance en sa conduite future. Le drôle ne manqua pas de jouer son rôle avec des cajoleries, et ses bons parents lui glissèrent effectivement dans la main une jolie somme en or. Ils nous servirent un déjeuner froid et d'excellent vin, et nous répondîmes avec tous les ménagements possibles aux questions que ces braves gens, aussi très étonnés, nous firent sur les événements qui se préparaient.

Nous avions remarqué devant la maison quelques voitures singulières, plus longues et, en partie, plus hautes que les fourgons ordinaires. Je demandai curieusement ce que c'était. On me répondit en confidence, mais avec précaution, que là dedans était la fabrique d'assignats des émigrés, et l'on me fit observer en même temps quels maux infinis elle avait causés à toute la contrée. Depuis quelque temps, à peine avait-on pu se défendre des véritables assignats, et maintenant, depuis l'invasion des alliés, on avait donné cours forcé aux faux. Des commerçants attentifs n'avaient pas manqué, pour leur sûreté personnelle, d'envoyer cette monnaie suspecte à Paris, d'où on leur avait expédié la déclaration officielle de sa fausseté. Cela jetait dans le commerce et les affaires une perturbation sans bornes; avec les vrais assignations on ne s'exposait qu'à moitié, avec les faux on était sûr de tout perdre; personne ne savait plus ce qu'il devait donner et recevoir. Cela répandait déjà depuis Luxembourg jusqu'à Trèves tant d'incertitude, de défiance et d'anxiété, que la misère était partout arrivée au plus haut point.

Au milieu de tous les maux qu'elles avaient soufferts, qu'elles avaient à craindre encore, ces personnes montraient, dans leur condition bourgeoise, de la dignité, de l'affabilité et de bonnes manières, qui faisaient notre admiration, et dont un reflet nous est venu dans les drames sérieux de l'ancien et du nouveau répertoire. Nous ne pouvons nous faire aucune idée d'un pareil état dans notre propre vie nationale et dans sa peinture. La « Petite ville »[1] peut être ridicule, les habitants des petites villes allemandes sont absurdes.

---

14 octobre 1792.

Très agréablement surpris, nous allâmes d'Arlon à Luxembourg par une excellente chaussée, et nous fûmes admis dans cette place forte, d'ailleurs si importante et si bien gardée, comme dans un bourg, dans un village. Sans être arrêtés ni questionnés, nous nous vîmes par degrés derrière l'enceinte extérieure, les remparts, les fossés, les ponts-levis, les

1. Ces mots sont en français dans l'original et désignent donc la petite ville française.

murs et les portes, nous remettant pour le reste à
notre guide, qui prétendait trouver là son père et
sa mère. La ville était encombrée de blessés et de
malades, de gens empressés, qui tâchaient de se
refaire eux, leurs chevaux et leurs équipages.

Notre société, jusqu'à ce moment réunie, dut se
séparer. Mon habile quartier-maître me procura
une jolie chambre, qui tirait, par de très hautes
fenêtres, assez de jour d'une cour très étroite,
comme d'une cheminée. Il sut m'y établir avec
mon bagage et veiller à tous mes besoins. Il me
donna l'idée des maîtres et des locataires, et
m'assura que, moyennant une petite rétribution,
je ne serais pas de sitôt dépossédé, et qu'on me
traiterait bien. Là, je pus enfin ouvrir ma malle,
reconnaître mes effets de voyage, mon argent,
mes manuscrits. Je mis d'abord en ordre le rouleau relatif à la théorie des couleurs, ayant toujours devant les yeux ma plus ancienne maxime,
d'étendre l'expérience et d'épurer la méthode.
Quant au journal de guerre et de voyage, je ne
pus y toucher. L'issue malheureuse de l'entreprise, qui faisait craindre des suites encore plus
fâcheuses, ne pouvait qu'entretenir le chagrin et
réveiller le souci. Ma demeure tranquille, inaccessible à tous les bruits, me procurait, comme une
cellule de couvent, tout l'espace désirable pour
les plus paisibles méditations ; mais, aussitôt
que je mettais le pied hors de la maison, je me
trouvais en plein tumulte de guerre et je pouvais
parcourir à mon gré le lieu le plus étrange peut-être qui soit sous le ciel.

15 octobre 1792.

Quiconque n'a pas vu Luxembourg ne pourra se faire une idée de toutes ces constructions militaires rangées à la file ou étagées. L'imagination s'égare, quand on veut se rappeler cette diversité étonnante avec laquelle l'œil du promeneur peut à peine se familiariser. Il sera nécessaire d'avoir un plan sous les yeux pour trouver un peu intelligible ce que je vais dire.

Un ruisseau, le Pétrus, d'abord seul, puis réuni avec l'Alzette, promène ses méandres entre des rochers, les sépare, les entoure, en suivant tantôt sa course naturelle, tantôt celle que l'art lui a donnée. Sur la rive gauche s'étale et s'élève la vieille ville ; avec ses ouvrages du côté de la campagne ouverte, elle ressemble aux autres villes fortes. Mais, quand on songea à sa sûreté du côté de l'ouest, on vit bien qu'il fallait se protéger aussi en face de la vallée où coule la rivière ; l'art de la guerre ayant fait des progrès, cela même ne fut pas suffisant : on dut pousser de nouveaux bastions sur la rive droite, vers le sud, l'est et le nord, sur les enfoncements et les saillies des parties irrégulières du rocher. Il en résulta une chaîne infinie de bastions, de redoutes, de demi-lunes, de tenaillons, tels que le génie militaire en pouvait produire dans les cas les plus rares. Aussi rien de plus singulier que l'aspect de l'étroite vallée qui s'abaisse vers la rivière à travers tous ces ouvrages, avec ses rares esplanades, ses pentes douces ou abruptes, disposées en jardins, coupées en terrasses et animées par des maisons de plaisance. Ce tableau unit tant de grandeur et de grâce, tant de sévérité et d'agrément, qu'il serait à désirer que le Poussin eût exercé dans ces lieux son magnifique talent.

Les parents de notre joyeux guide possédaient dans le Pfaffenthal (vallée des prêtres) un joli jardin en pente, dont ils me permirent volontiers la jouissance. Des églises et des couvents peu éloignés justifiaient le nom de cet Elysée et semblaient assurer aussi, dans ce voisinage clérical, repos et tranquillité aux habitants séculiers; et pourtant ils ne pouvaient porter les yeux vers les hauteurs sans songer à la guerre, à la violence et à la destruction.

Mais alors, se dérober à la ville, où la guerre nous offrait, pour dernières et lamentables scènes, des hôpitaux, des soldats déguenillés, des armes brisées, des essieux, des roues, des affûts à réparer, des ruines de tout genre; fuir dans cette paisible retraite, était un immense soulagement; s'échapper des rues, où les charrons, les forgerons et d'autres artisans exerçaient sans relâche leurs bruyantes industries, et se cacher dans le petit jardin de la vallée des Prêtres, était une délicieuse jouissance. Affamé de repos et de recueillement, j'y trouvais le plus souhaitable asile.

16 octobre 1792.

La diversité inimaginable des ouvrages entassés, groupés, qui, à chaque pas qu'on faisait en avançant ou en reculant, en montant ou en descendant, présentaient un aspect différent, provoquaient le désir d'en esquisser du moins quelque partie. Il était d'ailleurs naturel que ce désir se réveillât chez moi, après tant de semaines pendant lesquelles il s'était à peine offert à mes yeux un objet qui fît naître cette envie. Je m'étonnais surtout de voir tant de rochers, de murailles et d'ouvrages de défense unis dans le haut par des ponts-levis, des galeries et certains mécanismes étranges. Un homme du métier aurait vu tout cela avec des yeux exercés, et il aurait admiré avec le coup d'œil du soldat la force de ces ouvrages : pour moi, je n'en pouvais apprécier que l'effet pittoresque, et j'aurais volontiers mis en œuvre mon faible talent, si toute espèce de dessin à l'intérieur des forteresses et alentour n'avait pas été sévèrement défendu.

19 octobre 1792.

Ainsi donc, après avoir tourné pendant plusieurs jours, solitaire et rêveur, dans ces labyrinthes, où les rochers naturels et les ouvrages de guerre avaient entassé à l'envi, en face les uns des autres, des masses escarpées, sans exclure les plantations, les vergers et les bosquets de plaisance : revenu à la maison, je me mettais à crayonner de mémoire ces objets, tels qu'ils s'étaient peu à peu gravés dans mon imagination; esquisse imparfaite sans doute, mais suffisante pour fixer jusqu'à un certain point le souvenir d'une situation extraordinaire.

20 octobre 1792.

J'avais gagné du temps pour réfléchir aux derniers événements ; mais, à mesure que je les considérais, tout me paraissait plus confus et plus incertain. Je voyais que le plus nécessaire était peut-être de se préparer aux événements immédiats. Il me fallait franchir les quelques milles qui me séparaient de Trèves ; et pourtant qu'allais-je y trouver, puisque les chefs eux-mêmes précipitaient leur retraite avec les fugitifs? Mais ce qui était le plus douloureux, ce qui jeta même les plus résignés dans une sorte de fureur, ce fut la nouvelle, qui ne pouvait plus se taire, que nos généraux augustes avaient dû traiter avec ces chefs maudits, voués à la mort par le manifeste, représentés comme abominables pour les plus horribles actions; ils avaient dû leur abandonner les places fortes, sans autre avantage que de s'assurer une retraite à eux et à leurs troupes. J'en ai vu des nôtres qui faillirent en perdre la raison.

---

22 octobre 1792.

Sur le chemin de Trèves ne se trouvait plus à Grevenmachern la brillante barricade de voitures; les champs étaient déserts, défoncés, ravagés; on voyait au long et au large les traces de notre présence fugitive. Je passai cette fois sans bruit devant la poste avec des chevaux de réquisition;

la boîte aux lettres était toujours à sa place, mais point de presse alentour. On ne pouvait se défendre des plus étranges pensées.

Cependant un magnifique rayon de soleil éclaira le paysage, quand le monument d'Igel brilla devant moi comme un phare aux yeux du navigateur nocturne. La puissance de l'antiquité ne fut peut-être jamais sentie comme dans ce contraste : c'était aussi, il est vrai, un monument de temps de guerre, mais de jours heureux, victorieux, et d'un bien-être durable d'hommes actifs dans cette contrée. Quoique d'une époque tardive, du siècle des Antonins, l'obélisque d'Igel conserve encore tant de qualités d'un art excellent, qu'il produit sur nous dans l'ensemble une impression gracieuse et sévère, et nous communique, de toutes ses parties, quoique très altérées, le sentiment d'une joyeuse activité. Il m'a captivé longtemps ; j'ai noté plusieurs observations, en le quittant à regret, car je m'en sentais plus mal encore dans ma misérable situation.

Mais je ne tardai pas à voir briller devant moi une joyeuse perspective, qui devint bientôt après une réalité.

23 octobre 1792.

Nous apportions à notre ami, le lieutenant de Fritsch, que nous avions laissé fort mécontent à son poste, l'heureuse nouvelle qu'il était nommé chevalier de l'ordre du Mérite militaire ; avec justice, car c'était pour une belle action, et avec bonheur, car il n'avait eu aucune part à notre infortune. Voici ce qui s'était passé :

Les Français, sachant que nous avions pénétré assez avant dans le pays, que nous étions à une distance considérable, dans une situation fort pénible, tentèrent sur nos derrières une expédition soudaine. Ils s'approchèrent de Trèves avec des forces imposantes et même avec du canon ; le lieutenant de Fritsch en est informé, et, avec peu de monde, il court à l'ennemi, qui, surpris de sa vigilance, craignant l'arrivée de renforts, se retire à Mersig après une courte résistance et ne reparaît plus. Notre ami avait eu son cheval blessé sous lui, la même balle avait effleuré sa botte. Mais aussi le vainqueur se voit accueilli à son retour de la manière la plus honorable. Le maire, la bourgeoisie, lui montrent toutes les attentions possibles, et les dames aussi, qui voyaient en lui auparavant un beau garçon et qui sont charmées maintenant de le trouver un héros.

Il mande aussitôt à son chef l'événement, qui est, comme de raison, communiqué au Roi ; sur quoi l'étoile bleue est arrivée. J'ai goûté une jouissance non commune à partager le bonheur, la vive joie de ce brave jeune homme. La bonne fortune qui nous fuyait l'a visité sur nos derrières, et il s'est vu récompensé de son obéissance militaire, qui semblait l'enchaîner dans une situation oisive.

24 octobre 1792.

Par les soins de mon ami, je fus de nouveau logé chez le chanoine. Je n'avais pas échappé entièrement à l'épidémie générale, et j'avais besoin de médicaments et de ménagements. Pendant ces heures tranquilles, je revis les courtes observations que j'avais faites en présence du monument d'Igel.

Pour exprimer l'impression la plus générale, on y voit la mort opposée à la vie, le présent à l'avenir, et tous deux confondus ensemble dans le sens esthétique. C'était l'excellente manière des anciens, qui s'est conservée assez longtemps dans le monde des arts.

La hauteur du monument est d'environ soixante et dix pieds. Il s'élève en forme d'obélisque, à plusieurs divisions architecturales : d'abord la base, puis un socle, puis la masse principale, couronnée d'un attique, ensuite un fronton, enfin une pointe bizarrement contournée, où se montrent les restes d'un globe et d'un aigle. Chacune de ces divisions, avec les membres dont elle se compose, est toute décorée de figures et d'ornements. Ce caractère annonce sans doute une époque tardive, car il se manifeste aussitôt que se perdent les pures proportions de l'ensemble; or il y aurait aussi, sous ce rapport, quelque chose à critiquer dans cet ouvrage.

Néanmoins il faut reconnaître qu'on y retrouve l'influence d'une époque, voisine encore, où l'art avait un caractère élevé. Sur tout l'ensemble règne l'esprit de l'antiquité, qui représente la vie réelle, que l'allégorie assaisonne d'allusions mythologiques. Dans le champ principal, un mari et une femme, de taille colossale, se tendant la main, sont unis par une troisième figure, fruste, qui paraît les bénir; ils sont entre deux pilastres richement ouvragés, ornés d'enfants dansants, placés les uns au-dessus des autres. Tous les panneaux rappellent les plus heureuses relations de famille, des parents unis par l'action et la pensée, enfin le tableau d'une vie commune, vertueuse et féconde en plaisirs.

Mais, à proprement parler, c'est l'activité qui règne partout. Je ne me flatte pas de tout expliquer. Dans un champ semblent être réunis des marchands qui parlent d'affaires : on voit des vaisseaux chargés, des dauphins, comme ornements, des bêtes de somme transportant des marchandises, l'arrivée des marchandises et leur inspection, enfin tout ce qui peut se passer encore d'humain et de naturel. Puis un cheval courant dans le zodiaque, qui peut-être tirait auparavant voitures et cochers; dans les frises, les autres espaces et les tympans, Bacchus, les Faunes, le Soleil, la Lune, et toutes les merveilles qui décorent ou qui peuvent avoir décoré le globe et le faîte.

Tout l'ensemble est du plus heureux effet. Au point où sont arrivées aujourd'hui la sculpture et l'architecture, on pourrait élever, dans cet esprit, un magnifique monument aux hommes les plus dignes, à leurs jouissances et à leurs mérites. Livré à ces méditations, j'aimais à célébrer en secret le jour natal de notre honorée duchesse Amélie, à me rappeler en détail sa vie, sa noble et bienfaisante influence : ce qui m'inspirait naturellement le désir de lui vouer par la pensée un pareil obélisque et de donner pour ornements caractéristiques à tous les panneaux l'histoire de sa vie et de ses vertus.

Trèves, 25 octobre 1792.

Je profitai du repos et du loisir dont je jouissais alors pour mettre en ordre et recueillir ce que j'avais élaboré pendant ces jours orageux. Je récapitulai et rédigeai mes documents chromatiques, je dessinai plusieurs figures pour les tables des couleurs, que je modifiai assez souvent pour montrer nettement aux yeux ce que je voulais représenter et prouver. Je songeai aussi à rattraper mon troisième volume du *Dictionnaire de physique de Gehler*. Après des informations et des recherches, je trouvai enfin la cuisinière à l'hôpital, qu'on avait établi avec assez de soin dans un couvent. Elle était atteinte de l'épidémie. Du moins les salles étaient aérées et propres. Elle me reconnut, mais sans pouvoir parler. Elle tira le volume de dessous sa tête, et me le rendit, aussi propre et aussi bien conservé que je le lui avais remis. J'espère que les soins auxquels je l'ai recommandée lui auront été salutaires.

Un jeune professeur vint me voir; il me prêta plusieurs des plus récents journaux, et j'eus avec lui d'agréables entretiens. Il s'étonna, comme tant d'autres, que je ne voulusse plus entendre parler de poésie et que je parusse me livrer de toutes mes forces à l'étude de la nature. Il était versé dans la philosophie de Kant, et je pus donc lui indiquer la voie où j'étais entré. Si, dans sa *Critique du jugement,* Kant place le jugement théologique à côté du jugement esthétique, c'est qu'il veut faire entendre qu'il faut traiter un ouvrage d'art comme un ouvrage de la nature, un ouvrage de la nature comme un ouvrage d'art, tirer toujours de l'ouvrage même le développement de son mérite, considérer cet ouvrage en lui-même. Sur de pareils sujets, je pus être fort éloquent et je crois avoir rendu quelques services à ce bon jeune homme. C'est une chose étrange de voir comme chaque époque porte et traîne avec elle, d'un passé récent ou même éloigné, la vérité et l'erreur; des esprits vifs se meuvent toutefois dans une nouvelle carrière, où ils se résignent le plus souvent à marcher seuls ou bien à mener avec eux, pour une courte traite, un compagnon de marche.

Trèves, 26 octobre 1792.

On ne pouvait sortir de ces paisibles entourages sans se trouver comme dans le moyen âge, où les murs des couvents et l'état de guerre le plus furieux et le plus déréglé contrastaient ensemble sans cesse. Les habitants, comme les émigrés revenus, se lamentaient surtout du tort affreux que les faux assignats faisaient à la ville et au pays. Des négociants en avaient fait parvenir à Paris, et avaient appris de là leur fausseté, leur complète nullité, et le danger de s'en servir. Les vrais assignats partageaient le discrédit des faux; si la situation changeait de face, la complète destruction de tous ces papiers était à craindre : tout le monde en était frappé. Ce mal affreux, ajouté aux autres, paraissait sans bornes aux imaginations ; c'était une situation désespérée, comme si l'on avait vu devant soi une ville dévorée par l'incendie.

Trèves, 27 octobre 1792.

La table d'hôte, où l'on était d'ailleurs fort bien traité, offrait aussi un spectacle étourdissant : militaires et employés, uniformes, couleurs et costumes de toute sorte ; un mécontentement silencieux ou des discours violents ; mais tout le monde plongé dans un enfer commun. A cette table, il m'arriva une chose faite pour me toucher. Un vieil officier de hussards, à la barbe et aux cheveux gris, aux yeux étincelants, s'approcha de moi en sortant de table, me prit par la main et me demanda si j'avais affronté tout cela avec eux. Je pus lui faire quelques récits sur Valmy et sur Hans, d'où il pouvait fort bien se faire l'idée du reste. Là-dessus il fit entendre avec enthousiasme et avec une chaleureuse sympathie des paroles que j'ose à peine reproduire et qui reviennent à ceci : c'était déjà une chose impardonnable de les avoir entraînés dans des calamités peut-être inouïes, eux dont le métier et le devoir étaient de les affronter ; mais que j'eusse dû les endurer aussi, moi (l'officier exprimait l'opinion favorable qu'il avait de ma personne et de mes ouvrages), c'était ce qu'il ne pouvait nullement approuver. Je lui présentai la chose du beau côté. Pour m'épouver moi-même, j'avais enduré quelques semaines de fatigues avec mon prince (à qui je n'avais pas été tout à fait inutile) et avec tous nos vaillants guerriers ; mais il s'en tint à son dire, quoiqu'un bourgeois, qui s'était approché de nous, eût répliqué que je m'étais acquis des droits à la reconnaissance, en voulant tout voir par mes yeux. On pouvait désormais attendre de ma plume exercée un clair exposé des événements. Le vieux soldat n'admit pas davantage ce raisonnement, et il s'écria : « N'en croyez rien, il est trop sage. Ce qu'il pourrait écrire, il ne le voudra pas, et ce qu'il voudrait écrire, il ne l'écrira pas. »

Au reste, on n'avait guère envie de prêter l'oreille autour de soi ; l'affliction était sans bornes ; et, si nous éprouvons déjà un sentiment désagréable quand les gens heureux ne cessent pas de nous détailler leurs plaisirs, c'est une chose bien plus insupportable encore d'entendre continuellement ressasser un malheur que nous voudrions nous-mêmes bannir de notre pensée. Être chassé du pays par des ennemis qu'on haïssait, se voir contraint de traiter avec eux, de s'accommoder avec les hommes du Dix Août, tout cela était aussi dur pour l'esprit et pour le cœur que l'avaient été jusqu'alors les souffrances corporelles. On n'épargnait pas le général en chef, et la confiance qu'on avait si longtemps vouée à ce guerrier célèbre paraissait perdue pour jamais.

Trèves, 28 octobre 1792.

Au moment où l'on se retrouvait sur la terre allemande et où l'on espérait sortir de la plus épouvantable confusion, on eut la nouvelle des entreprises hardies et heureuses de Custine. Le grand magasin de Spire était tombé entre ses mains ; il avait su amener la reddition de Mayence. Ces progrès semblaient entraîner des malheurs sans terme ; ils annonçaient un esprit extraordinaire, à la fois conséquent et hardi, et tout devait être déjà perdu. Rien ne paraissait plus naturel et plus vraisemblable que de croire Coblenz aussi occupé par les Français. Et comment se ferait notre retour? On regardait également Francfort comme perdu ; on voyait menacés, d'un côté, Hanau et Aschaffenbourg, de l'autre, Cassel, et que ne craignait-on pas encore? Les prince voisins étaient paralysés par le malheureux système de neutralité ; la masse, possédée de l'esprit révolutionnaire, n'en était que plus agissante. Ne fallait-il pas, comme on avait travaillé Mayence, disposer aussi la contrée et les provinces limitrophes aux mêmes sentiments, et se hâter de mettre à profit ceux qui étaient déjà développés? Tout cela, il fallait y penser et en discourir.

J'entendais souvent répéter : « Les Français auraient-ils fait des pas si décisifs sans de sérieuses réflexions, sans de grandes forces militaires? » Les opérations de Custine paraissaient aussi hardies que prudentes ; on se représentait ce général, ses lieutenants, ses supérieurs, comme des hommes habiles, énergiques, conséquents. La détresse était extrême ; elle égarait les esprits : de toutes les souffrances, de toutes les inquiétudes qu'on avait senties jusqu'alors, c'était sans contredit la plus grande.

Au milieu de ces maux et de ce tumulte, je reçus de ma mère une lettre attardée, qui me rappela vivement ma paisible jeunesse, ma ville natale et la maison paternelle. Nous avions perdu mon oncle Textor, l'échevin, dont la proche parenté m'avait exclu pendant sa vie de l'importante et honorable dignité de sénateur. Là-dessus, selon la louable coutume traditionnelle, on avait aussitôt pensé à moi, qui étais assez avancé parmi les gradués de Francfort.

Ma mère avait été chargée de me demander si j'accepterais une place de sénateur dans le cas où, ayant été mis au rang des candidats, la boule d'or me serait échue. Cette proposition ne pouvait guère m'arriver dans un moment plus extraordinaire. J'étais troublé, refoulé en moi-même ; des images sans nombre se levaient devant moi et m'ôtaient la faculté de réfléchir. Comme un malade ou un prisonnier se laisse distraire par un conte, je fus transporté dans une autre sphère et un autre temps. Je me voyais dans le jardin de mon grand-père, où les espaliers couverts de pêches excitaient la convoitise du petit-fils, si bien que la menace d'être chassé de ce paradis, l'espérance de recevoir de mon bienveillant aïeul le fruit le plus mûr, le plus vermeil, pouvait seule calmer un peu le désir jusqu'au terme final. Je voyais ensuite le vénérable vieillard occupé autour de ses rosiers, se garantissant prudemment des épines avec des gants de forme antique, tribut des villes affranchies du péage; pareil au divin Laërtes, mais non comme lui accablé de langueur et de tristesse. Ensuite je le voyais dans son costume de maire, avec la chaîne d'or, trônant sur son siège, sous le portrait de l'empereur; plus tard, hélas! ne se connaissant plus qu'à demi, couché quelques années dans son fauteuil de malade, et enfin dans le cercueil.

Dans mon dernier passage à Francfort, j'avais trouvé mon oncle en possession de la maison et du jardin; en sage fils, semblable à son père, il s'éleva aux plus hautes dignités de la république. Dans le cercle intime de la famille, dans cette maison, toujours la même et dès longtemps connue, ces souvenirs d'enfance se réveillèrent vivement et se présentèrent à moi avec une force nouvelle. Il s'y joignit d'autres idées de jeunesse, que je ne dois pas taire. Quel bourgeois d'une ville impériale pourra nier d'avoir eu, tôt ou tard, devant les yeux les charges de sénateur, d'échevin, de bourgmestre, et, selon ses talents, d'avoir visé avec ardeur et prudence à ces dignités, peut-être aussi à des emplois moins considérables? Car la douce pensée de prendre part à un gouvernement quelconque s'éveille bien vite dans le cœur de tout républicain, et déjà avec plus de vivacité et d'orgueil dans l'âme du jeune garçon.

Je ne pus toutefois me livrer longtemps à ces doux rêves d'enfance; trop tôt réveillé avec effroi, je considérai les lieux qui m'entouraient, ces lieux pleins de pressentiments, ces tristes environs, où je me sentais resserré; ma ville natale aussi m'apparaissait attristée, assombrie ; Mayence dans les mains des Français, Francfort menacé, sinon déjà pris ; le chemin pour m'y rendre, fermé, et, dans ces murs, ces rues et ces places, des amis de jeunesse, des parents, déjà peut-être en proie au même malheur dont j'avais vu Longwy et Verdun souffrir si cruellement. Qui aurait hasardé de se précipiter dans une situation pareille ?

Mais, même dans les plus heureux temps de cet honorable corps politique, il m'eût été impossible d'accepter cette proposition. Il n'était pas difficile d'en exposer les motifs. Je jouissais depuis dix-sept ans d'un rare bonheur : le duc de Weimar m'honorait de sa confiance et de ses bontés. Ce prince, hautement favorisé par la nature, heureusement cultivé, était satisfait de mes services dévoués, souvent insuffisants ; il me fournissait l'occasion de me développer comme je n'aurais pû le faire dans toute autre position que m'aurait offerte ma patrie ; ma reconnaissance était sans bornes, tout comme mon attachement aux nobles dames, mère et épouse de mon prince, à sa famille florissante, à un pays auquel j'avais bien rendu quelques services. Et ne devais-je pas aussi penser à ce cercle d'amis que je m'y étais faits, hommes d'une culture éminente, à tant d'affections et de jouissances paisibles, fruits de la situation à laquelle je m'étais voué avec une inébranlable constance ? Ces images et ces sentiments, qui se réveillèrent à cette occasion, me rendirent tout à coup la sérénité dans ce moment d'angoisse, car on est déjà sauvé à demi, lorsque, de la position la plus triste, en pays étranger, on se sent le courage de porter un regard d'espérance dans la patrie qui nous est assurée : c'est ainsi que nous jouissons en deçà, sur la terre, de ce qui nous est promis au delà des sphères.

C'est dans ces sentiments que je pris la plume pour écrire à ma mère, et, quoique ces motifs parussent se rapporter à mes sentiments, à mes convenances personnelles, à mes avantages particuliers, j'en avais d'autres encore, qui avaient trait au bien de ma ville natale, et qui pouvaient convaincre mes amis. Comment, en effet, aurais-je pu déployer de l'activité dans cette sphère toute particulière pour laquelle, peut-être plus que pour toute autre, il faut avoir été préparé avec soin? Depuis nombre d'années, je m'étais accoutumé à des affaires proportionnées à mes facultés, mais qui ne répondaient guère aux besoins et au but d'une administration municipale. Je dirai plus encore : si l'on ne devait proprement recevoir dans le sénat que des citoyens, je m'étais assez éloigné de cette condition pour me regarder désormais comme un étranger. J'exposai toutes ces raisons à ma mère avec reconnaissance. Elle ne s'était pas attendue à une autre réponse, mais cette lettre dut lui parvenir assez tard.

Trèves, 29 octobre 1792.

Le jeune ami avec lequel j'avais eu plusieurs agréables conversations scientifiques et littéraires était en même temps très versé dans l'histoire de la ville et de la contrée : aussi les promenades que nous fîmes, par un temps passable, furent-elles toujours instructives, et je pus me faire une idée générale du pays. La ville a un caractère singulier. Elle prétend posséder plus d'édifices ecclésiastiques que toute autre ville de même étendue, et cette gloire ne lui peut guère être contestée, car, au dedans des murs, elle est remplie, obstruée d'églises, de chapelles, de cloîtres, de couvents, de collèges, de maisons de chevaliers et de moines ; au dehors, elle est bloquée, assiégée d'abbayes, de monastères, de chartreuses. C'est le signe d'une vaste juridiction ecclésiastique, exercée d'ici autrefois par l'archevêque, car son diocèse s'étendait sur Metz, Toul et Verdun. Le gouvernement civil n'est pas non plus dépourvu de belles possessions : car, à l'électeur de Trèves appartient, sur les deux rives de la Moselle, un magnifique territoire, et Trèves ne manque pas de palais, qui attestent qu'en divers temps cette ville fut le centre d'une souveraineté étendue.

L'origine de Trèves se perd dans les temps fabuleux. Son heureuse situation doit avoir attiré de bonne heure des cultivateurs. Les *Treviri* furent compris dans les limites de l'empire romain, d'abord païens, puis chrétiens, soumis par les Francs, les Normands, et ce beau pays finit par être incorporé dans l'empire romano-germanique.

J'aurais voulu visiter cette ville dans la belle saison, dans des jours paisibles, apprendre à connaître ses habitants, qui eurent de tout temps la réputation d'être affables et joyeux. Il se trouvait encore dans ce moment quelques traces de la première qualité, mais bien peu de la seconde. Et comment la joie se serait-elle maintenue dans une position si fâcheuse ?

Assurément, si l'on parcourt les annales de la ville, on trouve qu'elles parlent souvent des maux que la guerre a fait souffrir au pays ; la vallée de la Moselle, la rivière même, favorisèrent les expéditions militaires. Arrivé de l'extrême Orient, Attila s'était avancé et retiré comme nous, avec son armée innombrable, par cette région fluviatile. Que ne souffrit pas la population de Trèves dans la guerre de Trente ans jusqu'à la fin du xvii⁰ siècle, où le prince, s'étant attaché à la France comme à son alliée la plus voisine, dut languir longtemps dans les prisons de l'Autriche ? La ville souffrit aussi plus d'une fois de guerres intérieures, comme cela dut arriver partout dans les villes épiscopales, où le bourgeois ne pouvait toujours s'accorder avec le souverain temporel et spirituel.

Mon guide, en me donnant ces éclaircissements historiques, me faisait remarquer les édifices des différentes époques, la plupart curieux et remarquables, mais bien peu de nature à satisfaire le goût, comme on a pu le dire du monument d'Igel. Je trouvai respectables les restes de l'amphithéâtre romain ; mais, comme l'édifice s'est écroulé sur lui-même, et que pendant plusieurs siècles il fut vraisemblablement traité comme une carrière, on n'y peut rien démêler. Cependant j'admirai encore comme les anciens savaient produire de grands résultats avec des moyens bornés, en mettant à profit la situation d'une vallée entre deux collines, où la forme du terrain épargnait à l'architecte beaucoup d'excavations et de substructions. Si, des premières pentes de la colline de Mars, où se trouvent ces ruines, on monte un peu plus haut, la vue plane sur toutes les reliques des saints, sur les dômes et les toits, jusqu'à la colline d'Apollon : ainsi ces deux divinités, ayant à leur côté Mercure, maintiennent le souvenir de leur nom : on a pu écarter les images, mais non le génie.

Trèves offre des monuments remarquables pour l'étude de l'architecture des premiers temps du moyen âge. Je connais peu ces choses, qui ne disent rien à un goût cultivé. Un certain intérêt, que leur vue m'inspirait, aurait pu m'égarer ; mais plusieurs de ces édifices sont encombrés, dégradés, consacrés à d'autres usages.

On me fit traverser par un beau soleil le grand pont, qui est aussi de fondation romaine. C'est de là qu'on voit clairement comme la ville est bâtie dans une plaine qui fait sur la rivière un angle saillant, et la repousse contre la rive gauche. On embrasse, du pied de la colline d'Apollon, la rivière, le pont, les moulins, la ville et le pays. Les vignes, qui, n'étant pas encore entièrement défeuillées, produisaient un effet charmant, soit à nos pieds, soit vis-à-vis, sur les premières pentes de la colline de Mars, annonçaient dans quelle heureuse contrée on se trouvait, et réveillaient ce sentiment de prospérité et de bien-être qui semble planer dans l'air sur les pays de vignobles.

Les meilleures sortes de vin de la Moselle, qui nous furent servies, nous semblèrent d'un goût plus agréable encore après cette revue.

Notre prince arriva et se logea dans le couvent de Saint-Maximin. Ces hommes riches, et ci-devant trop heureux, avaient été depuis assez longtemps fort troublés; les frères du Roi avaient pris chez eux leur logement, et, depuis, la maison ne s'était pas désemplie. Une institution pareille, née du repos et de la paix, ayant pour base le repos et la paix, prenait dans ces circonstances un singulier aspect : on avait beau user de ménagements, il se produisait un violent contraste entre la vie chevaleresque et la vie monastique. Là cependant, comme partout, même en qualité d'hôte non convié, le duc sut se rendre agréable, lui et les siens, par sa libéralité et ses manières affables.

Pour moi, je devais être poursuivi jusque dans ce lieu par le méchant démon de la guerre. Notre bon colonel de Gotsch était aussi logé dans le couvent. Je le trouvai de nuit, qui veillait et soignait son fils atteint gravement de l'épidémie. Il me fallut encore entendre de la bouche d'un vieux soldat et d'un père la même litanie, entendre maudire notre campagne. Le colonel était fondé à critiquer avec passion toutes les fautes qu'il avait vues comme soldat et qu'il maudissait comme père. Les Islettes revinrent sur le tapis, et il y avait en effet de quoi désespérer quiconque se faisait des idées claires sur ce point.

Je saisis avec empressement l'occasion de voir l'abbaye. Je trouvai un édifice vaste et vraiment princier; les chambres hautes et grandes, élégamment parquetées; le velours et les tapis de damas, les ouvrages en stuc, les dorures et les ciselures n'étaient pas épargnées, ni aucune des choses qu'on est accoutumé à voir dans ces palais, et tout se répétait deux et trois fois dans de grandes glaces.

Aussi se trouvait-on fort bien logé dans ce couvent; mais on ne put mettre tous les chevaux à couvert; ils restèrent exposés au grand air, sans gîte, sans auges, sans râteliers. Par malheur, les sacs à fourrage étaient pourris; il fallait que les chevaux mangeassent l'avoine à terre. Au reste, si les écuries étaient insignifiantes, on trouva les caves spacieuses : outre qu'il avait des vignes à lui, le couvent percevait de nombreuses dîmes. Il est vrai que bien des tonneaux avaient dû se vider dans les derniers mois. Il s'en trouvait un grand nombre dans la cour.

---

30 octobre.

Notre prince donna un grand repas; trois des plus hauts seigneurs ecclésiastiques étaient conviés. Ils avaient fourni du linge de table magnifique et un très beau service de porcelaine. On voyait peu d'argenterie : les trésors et les objets précieux étaient à Ehrenbreitstein. La cuisine du prince fut exquise; le vin qui avait dû nous suivre en France, ramené de Luxembourg, fut consommé à Trèves. Mais ce qui méritait le plus d'éloges, ce fut le délicieux pain blanc, qui faisait songer, par contraste, au pain de munition de Hans.

Comme je m'étais occupé pendant ces jours de l'histoire de Trèves, l'abbaye Saint-Maximin avait dû nécessairement fixer aussi mon attention, et je fus en état de soutenir sur ces matières avec mon voisin ecclésiastique une conversation assez approfondie. La haute antiquité du couvent fut admise ; on parla ensuite de ses diverses destinées, du voisinage de la ville : circonstance également dangereuse pour elle et pour lui ; en 1674, il avait été brûlé et complètement dévasté. Je me fis aussi raconter sa reconstruction et son rétablissement graduel dans l'état où il se trouvait alors. Là-dessus, on pouvait dire beaucoup de bien et faire l'éloge des établissements, ce que le religieux écoutait très volontiers. Mais il ne voyait rien de glorieux à dire sur les derniers temps. Les princes français avaient logé longtemps dans le couvent de Saint-Maximin, et l'on avait parlé de désordres, d'excès et de prodigalités.

De propos en propos, je revins encore à l'histoire ; mais, quand je parlai des anciens temps, où le couvent avait rivalisé avec l'archevêque, où l'abbé avait été prince de l'Empire, le frère éluda en souriant, comme si, de nos jours, un pareil souvenir lui avait paru insidieux.

Ici parurent les soins attentifs que notre duc prenait de son régiment. Comme il était impossible de mener plus loin les malades en voiture, le prince fit louer un bateau pour les transporter commodément à Coblenz. Mais bientôt survinrent d'autres soldats, malheureux d'une autre manière. Dans la retraite, on s'était bientôt vu hors d'état de voiturer les canons ; les chevaux d'artillerie succombaient l'un après l'autre, et on trouvait peu de relais ; les chevaux, mis en réquisition quand nous allions en avant, cachés au retour, manquaient partout. On recourut au dernier moyen : un bon nombre de cavaliers de chaque régiment durent mettre pied à terre afin que l'artillerie fût sauvée. Avec leurs bottes fortes dans lesquelles à la fin ils ne pouvaient plus tenir, ces braves gens souffraient infiniment dans ces chemins détestables ; heureusement, le temps s'éclaircit aussi pour eux : on prit les mesures nécessaires pour qu'ils fussent transportés par eau à Coblenz.

Novembre 1792.

Mon prince m'avait chargé de rendre visite au marquis Lucchesini [1]. Je devais prendre congé de lui et lui demander quelques informations. A une heure de nuit assez avancée, je fus introduit, non sans difficultés, chez cet homme marquant, qui m'avait témoigné autrefois quelque bienveillance. Il me reçut avec une grâce et une amabilité charmante, mais je fus moins satisfait de ses réponses à mes questions. Il ne remplit point mon attente. Il me laissa partir comme il m'avait reçu, sans me donner le moindre encouragement, et l'on voudra bien croire que j'y étais préparé.

En voyant faire avec empressement les préparatifs nécessaires pour expédier par eau les malades et les cavaliers fatigués, l'idée me vint que ce serait pour moi le meilleur parti de prendre la même voie. Je laissai à regret ma chaise en arrière, mais on promit de me l'envoyer à Coblenz, et je louai un bateau mené par un seul homme, où tous mes effets, comptés, je puis dire, devant moi, à

1. Ministre du roi de Prusse.

l'embarquement, me firent une impression très agréable, parce que plus d'une fois je les avais crus perdus où j'avais craint de les perdre. J'acceptai pour compagnon de voyage, comme ancienne connaissance, un officier prussien, que je me rappelais fort bien d'avoir vu page, et qui conservait un vif souvenir de sa vie à la cour, où il prétendait m'avoir souvent présenté le café.

Le temps était passable, la navigation paisible, et l'on sentait d'autant plus le charme de cette situation, qu'on voyait les colonnes s'avancer péniblement, avec des haltes fréquentes, sur la grand'route, qui s'approchait çà et là de la rivière. A Trèves, on s'était déjà plaint que, dans une retraite si précipitée, la plus grande difficulté était de trouver des cantonnements : car très souvent les localités assignées à un régiment se trouvaient déjà occupées, et il en résultait beaucoup de confusion et de souffrances.

Les rives de la Moselle présentent des aspects très variés. L'eau dirige, il est vrai, obstinément sa course principale du sud-ouest au nord-est ; mais, comme elle traverse un pays rebelle et montagneux, elle est refoulée tantôt à droite tantôt à gauche par des angles saillants, en sorte qu'elle ne peut cheminer qu'en faisant de longues sinuosités. C'est pourquoi un vigoureux batelier est bien nécessaire. Le nôtre faisait preuve de force et d'habileté, car il savait tour à tour éviter une roche proéminente et mettre à profit hardiment, pour avancer plus vite, le courant, qui se pressait le long des rochers escarpés. Les nombreux villages bâtis sur les deux rives offraient le plus riant coup d'œil; les vignes, partout soigneusement cultivées, annonçaient un peuple joyeux, qui n'épargne aucune peine pour produire le précieux liquide. Toute colline bien exposée était mise à profit; mais bientôt nous admirâmes au bord de la rivière des rochers abrupts, dont les arêtes étroites, saillantes, faisant l'office de terrasses naturelles, portaient de la vigne, qui y réussissait parfaitement.

Nous abordâmes à une jolie auberge, où nous fûmes bien reçus par une vieille hôtesse, qui se plaignit des incommodités qu'elle avait eu à souffrir et faisait surtout des imprécations contre les émigrés. Elle avait vu bien souvent avec horreur, à sa table d'hôte, ces ennemis de Dieu se jeter le bon pain à la tête en boulettes et en petits morceaux, en sorte qu'elle et ses servantes l'avaient ensuite balayé en pleurant.

Nous descendîmes ainsi heureusement la rivière jusqu'à l'heure du crépuscule, où nous nous vîmes engagés dans les méandres qu'elle forme en avançant vers les hauteurs de Montréal. Nous fûmes surpris par la nuit avant de pouvoir aborder à Trarbach ou seulement de l'apercevoir. L'obscurité était profonde. Nous nous savions resserrés entre des rives plus ou moins escarpées, quand un orage, qui s'était déjà annoncé derrière nous, éclata avec une violence soutenue. La rivière s'enfla par le vent contraire, dont les mugissements furieux alternaient avec des bourrasques *rebondissantes;* flots après flots jaillissaient pardessus la nacelle; nous étions trempés. Le batelier ne cachait point son embarras; le danger semblait toujours grandir, et la situation était critique au plus haut point, quand le brave homme nous assura qu'il ne savait où il était, ni de quel côté il devait gouverner. Notre compagnon de voyage ne disait mot; j'étais recueilli en moi-même; notre barque flottait dans une obscurité profonde; seulement il me semblait quelquefois que des masses encore plus noires que le ciel sombre se laissaient voir sur nos têtes. Cela donnait peu d'espoir et d'assurance; à se sentir enfermé entre la terre et les rochers, on éprouvait toujours plus d'angoisse. Nous fûmes ainsi ballottés longtemps dans les ténèbres : enfin une lumière se montra dans le lointain et nous rendit l'espérance. On gouverne, on rame de ce côté; Paul y déploie toutes ses forces, et nous abordons heureusement à Trarbach, où l'on nous offre aussitôt dans une auberge passable une poule au riz. Mais un honorable marchand, ayant appris que des étrangers abordaient pendant cette nuit orageuse, nous obligea d'entrer dans sa maison, où, à la clarté des bougies dans des chambres bien décorées, nous saluâmes avec joie et même avec émotion, après les dangers que nous venions de courir dans les ténèbres, de noires gravures anglaises, suspendues aux murs, encadrées et mises sous verre proprement. Le mari et la femme, encore jeunes, rivalisèrent de prévenances; nous bûmes le meilleur vin de la Moselle, grand réconfort pour mon compagnon de voyage, qui paraissait en avoir surtout besoin.

Paul avoua qu'il avait déjà quitté son habit et ses bottes pour nous sauver à la nage, si nous avions échoué : mais sans doute lui seul s'en serait tiré.

A peine étions-nous séchés et restaurés, que je sentis mon impatience se réveiller, et je demandai de poursuivre en hâte notre chemin. Notre hôte obligeant ne voulait pas nous laisser partir ; il nous pressait de lui donner encore le lendemain ; il nous promettait, d'une hauteur voisine, une vue admirable sur une vaste et belle contrée, et d'autres choses encore qui auraient pu nous délasser et nous distraire : mais, tout comme on s'accoutume à une position stable et qu'on veut y demeurer, on peut s'accoutumer aussi à l'instabilité : je sentais en moi un besoin de rouler et de courir, auquel je ne pouvais résister.

Comme nous étions sur le point de nous embarquer, le brave homme nous obligea de prendre deux matelas, afin que nous fussions du moins dans le bateau un peu commodément. La femme ne les donnait pas volontiers, et, certes, on ne pouvait lui en savoir mauvais gré, car l'étoffe était neuve et belle. C'est ainsi qu'il arrive souvent, dans les logements, que tantôt l'un des époux, tantôt l'autre témoigne plus ou moins de bienveillance à l'hôte qui leur est imposé.

Nous voyageâmes doucement jusqu'à Coblenz, et le seul souvenir distinct qui me reste, c'est qu'à la fin de notre course je vis le plus beau spectacle qui se soit peut-être jamais offert à mes yeux. Comme nous avancions vers le pont de la Moselle, cette noire et puissante construction dressait devant nous sa masse imposante ; par les ouvertures des arches, nous voyions les beaux édifices de la vallée, par-dessus la ligne du pont, la forteresse d'Ehrenbreitstein dans la vapeur bleue ; à droite, la ville, s'appuyant au pont, formait un beau premier plan. Ce tableau nous procura une vive jouissance, mais ce ne fut qu'un moment, car nous abordâmes. Nous eûmes soin d'envoyer aussitôt les matelas, bien intacts, chez un marchand que nous avaient indiqué nos amis de Trarbach.

On avait assigné au duc de Weimar un beau logement, où je trouvai aussi un bon refuge. L'armée avançait peu à peu ; les domestiques du prince général arrivèrent et ne pouvaient assez dire quelles souffrances ils avaient endurées. Nous nous applaudissions d'avoir fait route par eau, et la tourmente heureusement traversée nous parut un mal léger, comparée aux lenteurs et aux perpétuels obstacles de la route par terre. Le prince lui-même était arrivé. Autour du Roi se rassemblèrent beaucoup de généraux. Pour moi, dans mes promenades solitaires le long du Rhin, je repassais dans ma mémoire les étranges événements des dernières semaines.

Un général français, la Fayette, chef d'un grand parti et naguère l'idole de la nation, jouissant de toute la confiance des soldats, s'élève contre l'autorité qui, après l'emprisonnement du Roi, représente seule le pays. Il prend la fuite ; son armée, qui ne compte pas plus de vingt-trois mille hommes, reste désorganisée, consternée, sans général et sans officiers supérieurs. Dans le même temps, un puissant roi envahit la France à la tête d'une armée coalisée, forte de quatre-vingt mille hommes ; deux places se rendent après une faible résistance. Alors paraît un général peu connu, Dumouriez, qui n'a jamais commandé en chef ;

il sait prendre une excellente position : elle est forcée; il réussit à en prendre une seconde : il est encore enfermé, et de telle sorte que l'ennemi se place entre lui et Paris. Mais des pluies continuelles amènent une situation extraordinairement compliquée; la redoutable armée des alliés, à six lieues de Châlons, à dix lieues de Reims, se voit empêchée d'occuper ces deux villes, se résout à la retraite, évacue les deux places conquises, perd plus du tiers de son effectif, et, dans le nombre, deux mille hommes tout au plus par les armes, et se voit de nouveau sur le Rhin. Tous ces événements, qui touchent au prodige, se passent en moins de six semaines, et la France est délivrée du plus grand péril dont ses annales aient jamais parlé.

Qu'on se figure maintenant tous les milliers d'hommes qui avaient pris part à cette désastreuse expédition, auxquels de cruelles souffrances de corps et d'âme semblaient donner quelque droit de se plaindre : on se représentera aisément que tout ne finit pas en silence, et, quelque soin qu'on prît de s'observer, de l'abondance du cœur la bouche parlait quelquefois. C'est aussi ce qui m'arriva. Assis à une table nombreuse, à côté d'un vieux et habile général, je ne m'abstins pas entièrement de parler du passé, sur quoi il me répondit d'un ton amical, mais avec une certaine décision : « Faites-moi l'honneur de venir me voir demain matin, et nous parlerons de ces choses cordialement et franchement. » J'eus l'air d'accepter, mais je n'y allai pas, et je fis en moi-même le vœu de ne plus rompre de sitôt mon silence accoutumé.

Pendant notre navigation, tout comme à Coblenz, j'avais fait quelques observations intéressantes pour mes études sur les couleurs; il m'était venu particulièrement de nouvelles lumières sur les couleurs époptiques, et j'espérais de plus en plus parvenir à enchaîner entre eux les phénomènes physiques et à les séparer d'autres phénomènes, avec lesquels ils semblaient avoir une affinité éloignée. Le journal du fidèle camérier Wagner me fut très utile pour compléter le mien, que j'avais tout à fait négligé dans les derniers jours.

Le régiment du duc était arrivé; on l'avait cantonné dans les villages vis-à-vis de Neuwied. Là, le prince montra les soins les plus paternels pour ses subordonnés; chacun put faire connaître ses souffrances et fut soulagé et secouru autant que la chose était possible. Le lieutenant de Flotow, qui commandait un détachement dans la ville et qui était le plus près du bienfaiteur, se montra secourable et plein d'activité. On manquait surtout de chaussures : on y pourvut en achetant du cuir, qu'on fit travailler, sous la direction des maîtres de la ville, par les cordonniers qui se trouvaient dans le régiment. On veilla aussi à la propreté et à la bonne façon : on se procura de la craie jaune; les collets furent nettoyés et passés en couleur, et nos cavaliers recommencèrent à trotter en belle tenue.

Cependant mes études, comme aussi mes joyeux entretiens avec les officiers de la chancellerie et de la maison, furent très animés par le vin d'honneur que le conseil de la ville offrit au prince. C'étaient des meilleurs crus de la Moselle. Notre prince dînait le plus souvent en ville, et nous avions la permission d'en user. Quand nous trouvâmes l'occasion d'en faire nos compliments à l'un des donateurs, il nous répliqua qu'ils étaient heureux de nous faire ce plaisir, mais qu'ils regrettaient les tonneaux qu'ils avaient dû livrer aux émigrés, qui avaient apporté, il est vrai, beaucoup d'argent dans la ville, mais aussi beaucoup de maux, qui l'avaient même entièrement bouleversée. On blâmait surtout leur conduite envers le prince, à la place duquel ils s'étaient en quelque sorte substitués, se permettant avec audace et contre sa volonté des choses impardonnables.

Dans le temps où l'on était menacé des derniers malheurs, il était parti pour Ratisbonne. Par un jour brillant et serein, à l'heure de midi, je me glissai le long de son magnifique château, situé sur la rive gauche du Rhin, un peu au-dessus de la ville, et qui était sorti de terre depuis le temps où j'avais vu cette contrée pour la dernière fois. Il était là solitaire, comme une ruine toute nouvelle, une ruine non pas architecturale, mais politique, et je n'eus pas le courage d'en demander l'entrée au châtelain, qui se promenait alentour. Que les environs étaient beaux auprès et au loin! Quelles cultures, quels jardins, dans l'espace entre le château et la ville! Que le Rhin offrait en amont une perspective douce et tranquille, mais magnifique et vivante, du côté de la ville et de la forteresse!

Dans le dessein de me faire passer, je me rendis au pont volant, mais je fus arrêté, ou plutôt je m'arrêtai de moi-même, à la vue d'un transport de chariots autrichiens qu'il s'agissait de passer les uns après les autres. Là s'éleva entre deux sous-officiers, l'un Autrichien, l'autre Prussien, une dispute qui mit en lumière le caractère des deux nations. L'Autrichien était posté là pour accélérer le plus possible le passage de la file des voitures, prévenir tout désordre, et ne laisser par conséquent aucun autre équipage s'interposer. Le Prussien demanda vivement une exception pour sa petite voiture, où se trouvaient sa femme et son enfant avec quelques effets. L'Autrichien refusa avec une grande tranquilité, en invoquant sa consigne, qui le lui défendait expressément. Le Prussien s'échauffa, l'Autrichien parut, s'il est possible, plus tranquille encore; il ne souffrit aucun intervalle dans la colonne qui lui était recommandée, et l'autre ne trouva pas moyen de s'y faufiler. Enfin l'importun met la main sur son sabre et provoque l'obstiné Autrichien; par ses menaces et ses injures, il veut entraîner son adversaire dans la prochaine ruelle, pour y vider l'affaire; mais l'homme tranquille et sage, qui connaissait parfaitement les droits de son office, ne bronche pas et maintient l'ordre comme auparavant. Je voudrais voir cette scène traitée par un peintre de caractères, car ces deux hommes étaient aussi différents de figure que de conduite : le tranquille était trapu et robuste; le furieux (car il finit par l'être) était long, maigre, fluet et remuant.

Le temps que je pouvais consacrer à cette promenade était en partie écoulé, et la crainte de retards semblables m'ôta au retour toute envie de visiter cette vallée autrefois si chère, et qui d'ailleurs n'aurait éveillé chez moi que le sentiment de regrets douloureux et la stérile méditation de mes jeunes années. Cependant je restai longtemps immobile en contemplation, livré au fidèle souvenir de jours paisibles, parmi les vicissitudes confuses des événements terrestres.

Il arriva par hasard que je fus informé en détail des mesures prises pour la prochaine campagne sur la rive droite. Le régiment du duc se disposait à passer le Rhin; le prince lui-même devait suivre avec toute sa maison. L'idée de continuer la vie de soldat m'était insupportable, et la pensée de la fuite me saisit une seconde fois. Je pourrais la nommer un mal du pays en sens inverse, un désir de prendre le large au lieu de rentrer au port. Le beau fleuve était là devant moi; il coulait, il descendait si doucement dans une large et vaste contrée! Il coulait chez des amis, auxquels j'étais resté fidèlement uni, en dépit de maintes fluctuations. Je me sentais appelé loin d'un monde étranger, violent, dans les bras de l'amitié. Aussi, après avoir obtenu mon congé, je me hâtai de louer un bateau jusqu'à Dusseldorf, recommandant à mes amis de Coblenz, avec prière de me l'expédier, ma chaise, que je devais encore laisser derrière moi.

Quand je me fus embarqué avec mes effets, et que je me vis emporté par le courant, accompagné du fidèle Paul et d'un passager aveugle, qui s'était engagé à ramer au besoin, je me crus heureux et délivré de tous les maux. Cependant quelques aventures m'étaient réservées. Nous n'avions pas fait beaucoup de chemin, quand je pus observer que le bateau devait avoir une forte avarie, car de temps en temps le batelier vidait l'eau diligemment. Dans notre précipitation, nous n'avions pas réfléchi que, pour faire le long trajet de Coblenz à Dusseldorf, le batelier ne prend d'ordinaire qu'un vieux bateau, afin de le vendre là-bas comme bois à brûler et de revenir, d'un pied léger, à la maison, avec le prix du trajet dans sa poche.

Cependant nous poursuivions hardiment notre course ; une nuit étoilée, mais très froide, favorisait notre navigation, quand tout à coup le rameur étranger demanda d'être mis à terre et entra en dispute avec le batelier sur la place où il était le plus avantageux pour le passager d'être déposé ; sur quoi ils ne pouvaient parvenir à s'entendre. Pendant ce débat, qui fut très vif, notre batelier tomba dans l'eau, et nous eûmes de la peine à l'en tirer. Alors, n'y pouvant plus tenir par cette nuit sereine, il me demanda instamment la permission d'aborder à Bonn pour se sécher et se réchauffer. Mon domestique le suivit dans une taverne, mais je résolus de rester à la belle étoile et me fis arranger un lit sur mon portemanteau et mon portefeuille. Telle est la force de l'habitude, qu'après six semaines passées presque toujours en plein air j'avais en horreur les toits et les chambres. Cette fois, il en résulta pour moi un nouveau désagrément, qu'on aurait dû prévoir. On avait tiré le bateau sur le bord autant qu'on avait pu, mais pas assez pour que l'eau ne trouvât pas sa voie. Après avoir fait un bon somme, je me sentis plus que rafraîchi : l'eau avait pénétré jusqu'à mon lit et m'avait trempé ainsi que mes effets. Je fus contraint de me lever, de chercher le cabaret, et de me sécher comme je pus au milieu d'une société qui s'enfumait de tabac et se régalait de vin chaud. Le matin arriva tout doucement, et on rama vigoureusement pour réparer le temps perdu.

Digression.

Quand je me vois, en souvenir, ainsi descendre le Rhin, je ne saurais dire exactement ce qui se passait en moi. L'aspect de cette nappe d'eau paisible, le sentiment d'une course facile sur le fleuve, me permettaient de reporter mes regards sur les jours qui venaient de s'écouler, comme sur un mauvais rêve dont je me réveillerais à l'instant même. Je m'abandonnais aux plus riantes espérances d'une prochaine et douce réunion.

Mais, si je dois continuer ces confidences, il me faut choisir une autre forme que celle qui pouvait convenir jusqu'à présent à mon récit. En effet, quand il se passe jour par jour devant nos yeux des choses si remarquables, quand nous souffrons, que nous craignons et n'espérons que timidement avec des milliers d'hommes, le présent a sa valeur décidée, et, exposé pas à pas, il renouvelle le passé en même temps qu'il annonce l'avenir. Mais ce qui se passe dans un cercle d'amis n'est intelligible que par une suite de développements des sentiments intimes; la réflexion est ici à sa place; le moment ne parle pas par lui-même; les souvenirs du passé, les méditations subséquentes, doivent lui servir d'interprète.

Comme je vivais en général d'une manière assez inconsciente, et que je me laissais conduire au jour le jour, ce dont je ne m'étais pas mal trouvé, surtout dans ces dernières années, j'avais ceci de particulier, de ne réfléchir jamais d'avance à une personne que j'attendais, non plus qu'à un lieu que je devais visiter; je laissais cette situation agir sur moi à l'improviste. L'avantage qui en résulte est grand : on n'est pas forcé de revenir d'une idée préconçue, d'effacer une image qu'on s'est tracée selon sa fantaisie, et de recevoir à sa place, avec chagrin, la réalité. En revanche, il en peut résulter cet inconvénient qu'en des moments décisifs nous sommes réduits à tâtonner au hasard, sans pouvoir nous accommoder incontinent à chaque situation entièrement imprévue.

Par suite de la même disposition d'esprit, je n'étais jamais attentif à l'effet que faisaient sur les gens ma présence et ma disposition morale. Aussi étais-je souvent surpris de voir que j'éveillais la sympathie ou l'antipathie, et souvent même l'une et l'autre à la fois.

Lors même qu'on ne voudrait peut-être ni louer ni blâmer cette conduite comme trait de caractère individuel, on devra remarquer que, dans la circonstance présente, elle produisit de singuliers effets, qui ne furent pas toujours des plus satisfaisants. Je ne m'étais pas rencontré depuis nombre d'années avec les amis que j'allais voir; ils étaient demeurés fidèles à leur façon de vivre, et moi, au contraire, une bizarre destinée m'avait fait passer par divers degrés d'épreuves, d'activité et de souffrance, tellement que, resté toujours la même personne, j'étais devenu un tout autre homme, et que je parus presque méconnaissable à mes anciens amis.

Il serait difficile, même dans l'âge avancé où l'on est arrivé à jeter sur la vie un plus libre regard, de se rendre un compte exact de ces transitions, qui paraissent tantôt comme un progrès, tantôt comme un recul, et qui doivent toutefois profiter à l'homme que Dieu mène. Malgré ces difficultés, je veux, en faveur de mes amis, essayer quelques indications.

L'homme moral n'éveille l'affection et l'amour qu'autant qu'on observe chez lui une ardeur secrète. Cette ardeur manifeste à la fois la possession et le désir ; la possession d'un cœur tendre et le désir d'en trouver un pareil ; par la tendresse, nous attirons à nous ; par le désir, on se donne soi-même. L'ardeur secrète qui était en moi, et que j'ai trop nourrie peut-être dans mes jeunes années, qu'en avançant dans la vie j'ai fortement combattue, ne pouvait plus convenir à l'homme fait, ne pouvait plus lui suffire, et il chercha la satisfaction pleine et définitive. Le but de mon ardeur la plus intime, qui me tourmentait jusqu'au fond de l'âme, c'était l'Italie, dont l'image avait inutilement plané devant moi durant beaucoup d'années, jusqu'à ce qu'enfin, par une résolution hardie, j'osai me mettre en possession de la réalité. Mes amis me suivirent aussi volontiers par la pensée dans ce pays magnifique ; ils m'accompagnèrent à l'aller et au retour : puissent-ils s'associer encore par le cœur à un plus long séjour que j'y ferai bientôt, et m'accompagner derechef au retour, car alors bien des problèmes se trouveront plus clairement résolus !

En Italie, je me sentis peu à peu détaché des petites idées, délivré des faux désirs, et l'ardeur qui m'avait poussé vers le pays des arts fit place à l'ardeur pour les arts eux-mêmes ; je les avais connus et je désirai de les pénétrer.

L'étude de l'art, comme celle des anciens écrivains, nous donne une certaine solidité et le contentement de nous-mêmes ; en remplissant notre âme de grands objets et de grands sentiments, elle s'empare de tous les désirs qui aspiraient à des biens étrangers, mais elle nourrit dans le cœur paisible toute digne aspiration ; le besoin de communiquer devient toujours plus faible, et il en va pour l'amateur comme pour les peintres, les sculpteurs, les architectes : il travaille dans la solitude pour des jouissances qu'il trouve à peine l'occasion de partager avec d'autres.

Une autre diversion devait encore m'éloigner du monde : c'était la direction prononcée qui m'entraînait vers la nature par une impulsion propre et de la manière la plus individuelle. Là, je ne trouvais ni maîtres ni compagnons, et je dus suffire à tout. Dans la solitude des bois et des jardins, dans les ténèbres des chambres obscures, je me serais vu tout à fait seul, si, dans cette singulière époque, une heureuse liaison domestique n'avait su m'offrir d'aimables délassements. Les *Élégies romaines*, les *Épigrammes vénitiennes*, sont de ce temps-là.

1. Allusion à Christiane Vulpius, qui fut la femme de Gœthe.

Je devais avoir aussi un avant-goût des entreprises guerrières; car, ayant reçu l'ordre d'assister à la campagne de Silésie, qui fut close par le congrès de Reichenbach, je m'étais vu éclairé, mon esprit s'était élevé par diverses expériences dans une contrée remarquable, et, en même temps des distractions agréables m'avaient bercé doucement, tandis que le fléau de la révolution française, se répandant toujours plus au loin, rappelait à la surface du monde européen *tous les esprits*, quelle que fût d'ailleurs la direction de leurs pensées et de leurs sentiments, et les ramenait de force aux plus cruelles réalités. Et le devoir m'ayant obligé de suivre encore mon prince au milieu des événements du jour, d'abord si graves et bientôt si tristes, par l'effet des souffrances, courageusement supportées, dont j'ai hasardé de faire à mes lecteurs une peinture adoucie, tout ce qui s'était replié encore de tendre et d'affectueux dans le fond de mon âme avait dû s'éteindre et disparaître.

Toutes ces considérations réunies nous feront trouver moins énigmatique la situation, telle que je l'ai esquissée dans les pages suivantes, et je dois d'autant plus le désirer que je résiste malgré moi à la tentation de revoir ces pages écrites à la hâte il y a bien longtemps, et de les remanier d'après mes vues et mes convictions d'aujourd'hui.

———

Pempelfort, novembre 1792.

Il faisait déjà nuit quand j'abordai à Dusseldorf, et je me fis conduire à Pempelfort à la clarté des lanternes. La surprise fut vive et la réception des plus amicales. Les propos de tout genre que le revoir éveille se prolongèrent fort avant dans la nuit. Le lendemain, grâce aux questions, aux réponses et aux récits, je fus bientôt habitué. La malheureuse campagne ne fournissait que trop de sujets d'entretien. Personne n'avait imaginé une issue si triste; mais aussi personne ne pouvait rendre l'impression profonde d'un affreux silence de près de quatre semaines, et l'incertitude toujours croissante par le défaut absolu de nouvelles. Il semblait que l'armée des alliés fût engloutie sous terre, tant on entendait peu parler d'elle. Chacun, plongeant ses regards dans un vide affreux, était tourmenté de frayeur et d'angoisse, et l'on s'attendait avec horreur à revoir la guerre dans les Pays-Bas; on voyait la rive gauche du Rhin, et en même temps la droite, menacées.

Nous trouvâmes une diversion à ces tristes pensées dans les discussions morales et littéraires. Là, mon réalisme, qui se fit jour, ne fut guère pour mes amis un sujet d'édification.

Depuis que la Révolution avait éclaté, pour me distraire un peu de ses excès, j'avais entrepris un ouvrage singulier, un *Voyage de sept frères*, de caractères différents, servant l'alliance chacun à sa manière, œuvre tout aventureuse et fantastique, confuse, dissimulant ses vues et ses desseins, enfin un emblème de notre situation. On m'en demanda la lecture. Je ne me fis pas beaucoup prier, et je produisis mes cahiers, mais je ne tardai guère à m'apercevoir que personne n'en était satisfait. Je laissai donc dans le premier port ma famille errante, et le reste de mon manuscrit dans le portefeuille.

Cependant mes amis, qui ne pouvaient se résigner à voir mes sentiments si changés, firent diverses tentatives pour me ramener à ceux d'autrefois par mes anciens ouvrages. Ils me mirent un soir *Iphigénie* dans les mains et m'en demandèrent la lecture. Mais cette poésie ne m'allait pas du tout; je me sentais étranger à ces tendres sentiments. Même dans la bouche d'autrui, ces accents m'étaient importuns. Cependant la pièce fut bientôt lue, et, comme si l'on avait voulu, pour m'éprouver, redoubler la torture, on apporta *Œdipe à Colone*, dont la sainteté sublime parut tout à fait insupportable à mon esprit tourné vers l'art, la nature et le monde, et endurci par une affreuse campagne. Je ne pus en écouter cent vers. Mes amis se résignèrent à me voir d'autres sentiments. Après tout, les sujets de conversation ne manquaient pas.

On revint avec plaisir sur plusieurs points de détail de l'ancienne littérature allemande : toutefois la conversation ne fut jamais très liée et très approfondie, parce qu'on voulait éviter ce qui manifestait l'opposition des sentiments. Pour faire ici une observation générale, je dirai que depuis vingt ans on était dans une époque vraiment remarquable. Des hommes supérieurs s'étaient rencontrés, qui s'unissaient ensemble par un côté, quoiqu'ils fussent très différents par l'autre. Chacun apportait dans la société une haute idée de lui-même, et l'on savait se plier aux égards et aux ménagements mutuels.

Le talent consolidait sa possession acquise d'une estime universelle ; on savait se maintenir et s'avancer par des coteries ; les avantages qu'on obtenait n'étaient plus maintenus par des voix isolées, mais par une majorité bien d'accord. Qu'il dût régner là une sorte de dessein prémédité, cela était dans la nature de la chose. Aussi bien que les gens du monde, ces hommes savaient mettre dans leurs relations un certain art ; on se pardonnait ses originalités ; une susceptibilité faisait équilibre à l'autre, et les mésintelligences restaient longtemps secrètes.

Au milieu d'un monde pareil, j'étais dans une position singulière : mon talent me donnait une place honorable dans la société, mais ma passion ardente pour ce que je reconnaissais comme naturel et vrai se permettait de choquantes impertinences contre tout ce qui avait l'air d'une fausse tendance ; aussi me brouillais-je parfois avec les membres de cette coterie, puis venait une réconciliation entière ou une demi-réconciliation ; néanmoins, toujours persuadé de mon bon droit, je poursuivais mon chemin. Avec cela, j'ai conservé jusque dans mon âge avancé quelque chose de l'ingénuité du Huron de Voltaire, en sorte que je pouvais être à la fois insupportable et charmant.

Un champ dans lequel on pouvait toutefois se mouvoir avec plus d'accord et de liberté était la littérature occidentale, pour ne pas dire la littérature française. Jacobi, tout en suivant sa propre voie, prenait connaissance de tout ce qui se passait d'important, et le voisinage des Pays-Bas contribuait beaucoup à le mettre en relation soit avec les livres, soit avec les personnes. C'était un homme d'une belle tournure, d'une figure très heureuse, aux manières mesurées, il est vrai, mais pourtant très affable, en un mot, fait pour briller dans toute société polie.

C'était une époque remarquable et qu'il serait difficile de se représenter aujourd'hui. Voltaire avait rompu les anciennes chaînes de l'humanité : de là s'était développée dans les bons esprits une tendance à douter de ce qu'on avait tenu autrefois pour respectable. Tandis que le philosophe de Ferney travaillait de toutes ses forces à diminuer, à affaiblir l'influence du clergé, et avait surtout les yeux fixés sur l'Europe, de Pauw étendait son esprit de conquêtes sur les pays lointains. Il ne voulait accorder ni aux Chinois ni aux Égyptiens la gloire dont un préjugé séculaire les avait comblés. Chanoine à Xanten, voisin de Dusseldorf, il entretenait des relations amicales avec Jacobi. Et combien d'autres hommes n'aurais-je pas à nommer ici?

Nous mentionnerons du moins Hemsterhuis, qui, dévoué à la princesse Gallitzin, faisait de longs séjours à Munster, situé dans le voisinage. Il cherchait, de son côté, avec ces esprits parents du sien, un repos plus délicat, une satisfaction idéale, et, avec des sentiments platoniques, il inclinait vers la religion.

Dans ces souvenirs fragmentaires, je dois aussi mentionner Diderot, qui fit un séjour à Pempelfort, où il se plut beaucoup et soutint ses paradoxes avec une grande franchise.

Les vues de Rousseau sur l'état de nature ne furent pas non plus étrangères à ce cercle, qui n'excluait rien et qui, par conséquent, ne m'excluait pas non plus, mais qui se bornait à me souffrir.

Car j'ai déjà indiqué plus d'une fois comment les littératures des autres nations agirent sur moi dans mes jeunes années. Je pouvais bien employer à mon usage les éléments étrangers, mais non me les assimiler ; c'est pourquoi je pouvais tout aussi peu m'entendre avec les autres sur ce qui était étranger. Pour la production, j'offrais un phénomène aussi singulier : elle cheminait du même pas que ma vie, et, comme la marche de ma vie demeurait le plus souvent un mystère pour mes plus proches amis, on savait rarement se familiariser avec mes nouvelles productions, parce qu'on attendait quelque chose de pareil aux œuvres déjà connues.

Si j'avais échoué avec mes *Sept frères*, parce qu'ils n'avaient pas la moindre ressemblance avec leur sœur *Iphigénie*, je pus remarquer qu'avec le *Grand Cophte*, depuis longtemps imprimé, j'avais même blessé mes amis. On n'en fit pas mention, et je me gardai bien d'en parler. Cependant on m'avouera qu'un auteur qui est dans le cas de n'oser ni produire ses plus récents ouvrages, ni en parler, doit se sentir aussi mal à son aise qu'un compositeur qui se verrait empêché de répéter ses plus nouvelles mélodies.

Je ne fus guère plus heureux avec mes méditations sur la nature. Personne ne pouvait comprendre la passion sérieuse avec laquelle je m'attachais à ces objets ; personne ne voyait comme cette passion naissait des entrailles de mon être ; on regardait ces louables efforts comme une erreur fantasque; on estimait que je pouvais faire quelque chose de mieux, laisser mon talent suivre son ancienne direction. En cela, mes amis se croyaient d'autant plus fondés que ma manière de penser ne s'accordait pas avec la leur, qu'elle était même en général tout l'opposé. On ne peut se figurer un homme plus isolé que je l'étais alors et que je le demeurai longtemps. L'hylozoïsme (vie dans les bois), ou comme on voudra l'appeler, auquel je m'attachais, et dont je laissais intacte, dans sa dignité et sa sainteté, la base profonde, me rendait inabordable et même rebelle à cette manière de penser, qui présentait comme article de foi une matière morte, laquelle était, d'une manière ou d'une autre, animée et stimulée. L'histoire naturelle de Kant m'avait appris, et je n'avais pas oublié, que les forces d'attraction et de répulsion sont essentielles à la matière, et que l'une ne peut être séparée de l'autre dans l'idée de matière : de là ressortait pour moi la polarité primitive de tous les êtres, laquelle pénètre et vivifie l'infinie variété des phénomènes. Dans la visite que la princesse Gallitzin nous a faite à Weimar avec Furstenberg et Hemsterhuis, j'avais déjà exposé ces idées; mais on m'avait invité à finir ces discours, qu'on regardait comme blasphématoires.

On ne peut trouver mauvais qu'une société intime se renferme en elle-même, et c'était ce que faisaient loyalement mes amis de Pempelfort. Ils s'étaient peu occupés de ma *Métamorphose des plantes*, qui avait paru depuis une année, et, quand j'exposai mes idées morphologiques, si familières qu'elles me fussent, dans le meilleur ordre, et, à ce qu'il me semblait, avec la force de l'évidence, je vis avec chagrin tous les esprits déjà possédés de l'idée fixe que rien ne peut naître que ce qui est déjà. En conséquence, je dus m'entendre dire encore que tout être vivant était sorti d'un œuf, sur quoi je reproduisis, avec un badinage amer, la vieille question : « Lequel a existé le premier, de la poule ou de l'œuf? » La doctrine de l'emboîtement paraissait fort plausible, et l'on trouvait très édifiant de contempler la nature avec Bonnet.

On avait su quelque chose de mes essais sur l'optique, et je ne me fis pas longtemps prier pour entretenir la compagnie de quelques phénomènes et de quelques expériences, où il ne me fut pas difficile d'avancer des choses toutes nouvelles, car tous les auditeurs, si éclairés qu'ils fussent, s'étaient inculqué la doctrine de la lumière décomposée, et voulaient malheureusement que l'idée vivante à laquelle ils prenaient plaisir fût ramenée à cette hypothèse morte. Cependant je me plus quelque temps à traiter ce sujet, car je n'exposais jamais une matière sans y gagner quelque chose ; d'ordinaire, il me venait en parlant des lumières nouvelles, et, chez moi, le flot du discours était particulièrement favorable à l'invention.

Mais je ne savais procéder que d'une manière didactique et dogmatique ; je n'avais pas le don de la dialectique et de la controverse. Souvent aussi se faisait jour une mauvaise habitude, dont je dois m'accuser : la conversation, dans sa forme ordinaire, m'était souverainement ennuyeuse, car elle ne produisait que des conceptions bornées, individuelles, et j'avais coutume d'animer et de pousser à l'extrême par de violents paradoxes la discussion, ordinairement resserrée en d'étroites limites. La compagnie en était le plus souvent blessée et choquée en plus d'un sens, car souvent, pour atteindre mon but, je devais jouer le rôle du mauvais principe, et les gens, voulant être bons et me trouver bon, ne laissaient pas la chose passer : on ne pouvait l'admettre comme sérieuse, parce qu'elle n'était pas solide, ni comme plaisante, parce qu'elle était trop dure. Ils finissaient par m'appeler un hypocrite retourné et faisaient bientôt leur paix avec moi. Cependant je dois avouer que, par cette mauvaise habitude, j'ai éloigné plus d'un ami et me suis fait plus d'un ennemi.

Au reste, j'avais bientôt chassé tous les mauvais esprits, comme avec la baguette magique, quand j'en venais à parler de l'Italie. Là aussi, j'étais allé sans préparatifs, sans prévoyance. Les aventures ne manquaient pas ; le pays même, sa beauté, sa grâce, je m'en étais profondément pénétré ; la figure, la couleur, l'ensemble de cette contrée éclairée par le ciel le plus favorable, tout m'était encore présent. Les faibles dessins que j'avais essayé d'en faire avaient aiguisé ma mémoire ; je pouvais décrire les choses comme si je les avais eues devant moi ; mes tableaux se peuplaient, se remplissaient de vie, et chacun était satisfait, quelquefois enchanté de ces vives peintures.

Il faudrait, pour exprimer parfaitement la grâce du séjour de Pempelfort, donner une idée claire de la résidence où se passaient toutes ces choses.

Une maison isolée, spacieuse, dans le voisinage de grands jardins bien cultivés, un paradis en été, un séjour charmant même en hiver. On jouissait de chaque rayon de soleil dans les alentours libres et dégagés. Le soir, et, quand le temps était mauvais, on se retirait volontiers dans les chambres grandes et belles, qui, meublées commodément et sans luxe, offraient une digne scène aux spirituels entretiens. Une grande salle à manger, gaie et commode, suffisante pour une famille nombreuse et des convives qui ne faisaient jamais défaut, invitait à une longue table, toujours bien servie. Là, on trouvait réunis le maître de la maison, toujours gai et animé, les sœurs, bienveillantes et instruites, le fils, sérieux et de belle espérance, les filles, bien faites, instruites, sincères, aimables, faisant souvenir de leur mère, hélas! déjà disparue, et des jours qu'on avait passés avec elle à Francfort vingt années auparavant. Heinse, qui faisait partie de la famille, avait la réplique pour les plaisanteries de tout genre; il y avait des soirs où les rires ne cessaient pas.

Le petit nombre d'heures solitaires qui me restaient dans cette maison, la plus hospitalière du monde, je les consacrais en silence à un singulier travail. Pendant la campagne, j'avais écrit, outre le journal, de poétiques ordres du jour, des commandements satiriques. Je voulus les revoir et les corriger; mais je reconnus bientôt qu'avec une vanité à courte vue j'avais mal observé et jugé injustement bien des choses, et, comme on n'est jamais plus sévère que pour les erreurs dont on vient de se défaire, qu'il me parut dangereux d'exposer ces feuilles aux chances du hasard, je brûlai tout le cahier dans un beau feu de houille. Je le regrette maintenant, parce qu'il m'aurait fourni des lumières sur la marche des choses et sur l'enchaînement de mes pensées.

Dusseldorf n'était pas éloigné, et nous faisions de fréquentes visites à des amis qui appartenaient à la société de Pempelfort. On se réunissait d'ordinaire dans la galerie de tableaux. On laissait paraître un goût décidé pour l'école italienne; on se montrait fort injuste envers l'école néerlandaise. A vrai dire, le sentiment élevé de la première était attrayant, entraînant, pour de nobles esprits. Un jour, nous étions restés longtemps dans la salle de Rubens et des meilleurs Néerlandais; quand nous sortimes, l'Assomption du Guide se trouva en face de nous, et quelqu'un s'écria avec enthousiasme : « Ne semble-t-il pas qu'on sorte d'un cabaret pour entrer dans un salon de bonne compagnie? » Je pouvais me résigner à voir les maîtres qui m'avaient ravi naguère au delà des Alpes se montrer d'une manière triomphante et exciter une admiration passionnée; cependant je m'appliquai à l'étude des Néerlandais, dont les qualités et les avantages se montraient là au plus haut degré. J'y profitai pour toute ma vie.

Mais ce qui me surprit plus encore, c'est qu'un certain esprit de liberté, une tendance à la démocratie se fût répandue dans les classes supérieures. On paraissait ne pas sentir tout ce qu'on aurait d'abord à perdre pour arriver à quelque avantage douteux. Je voyais honorés d'un culte enthousiaste les bustes de la Fayette et de Mirabeau, que Houdon avait rendus avec beaucoup de naturel et de fidélité : l'un honoré pour ses vertus chevaleresques et civiles, l'autre, pour sa force d'esprit et la puissance de sa parole. C'est ainsi que flottaient déjà les sentiments de nos compatriotes ; quelques-uns avaient même été à Paris, avaient entendu parler les hommes marquants, les avaient vus agir, et, par malheur, selon la coutume allemande, avaient pris goût à l'imitation, et cela dans un moment où l'inquiétude pour la rive gauche du Rhin se changeait en frayeur.

Le danger paraissait pressant : les émigrés remplissaient Dusseldorf; les frères du Roi arrivèrent. On courait les voir. Je les rencontrai dans la galerie, et, à cette occasion, je me rappelai comme on les avait vus trempés de pluie au départ de Glorieux. M. de Grimm et Mme de Beuil parurent également. La ville étant comble, un pharmacien les avait hébergés. Le cabinet d'histoire naturelle servit de chambre à coucher; les singes, les perroquets et d'autres bêtes guettaient le sommeil matinal de la très aimable dame; les coquillages, les coraux, gênaient l'appareil de sa toilette. Voilà comme le fléau des logements, que nous avions d'abord porté en France, était ramené chez nous.

Mme de Coudenhoven, femme remarquable par son esprit et sa beauté, l'ornement de la cour de Mayence, s'était aussi réfugiée à Dusseldorf. M. et Mme de Dohm arrivèrent du côté de l'Allemagne, pour avoir des nouvelles plus précises de la situation.

Francfort était encore occupé par les Français;

le mouvement de la guerre s'était porté entre la Lahn et la chaîne du Taunus ; les nouvelles, chaque jour diverses, tantôt sûres, tantôt douteuses, animaient la conversation et provoquaient les saillies; mais les intérêts et les opinions en lutte ne permettaient pas toujours la gaieté. Je ne pouvais trouver un côté sérieux dans une chose si problématique, absolument incertaine, sujette au hasard, et, avec mes plaisanteries paradoxales, j'étais parfois amusant, parfois importun. Je me souviens qu'un soir, à souper, on parlait avec honneur des bourgeois de Francfort; ils s'étaient montrés, disait-on, comme de braves gens avec Custine ; leurs actes et leurs sentiments formaient un parfait contraste avec la manière inouïe dont les Mayençais s'étaient conduits et se conduisaient encore. Mme de Coudenhoven, avec l'enthousiasme qui lui allait fort bien, s'écria qu'elle donnerait beaucoup pour être bourgeoise de Francfort. Je répliquai que la chose était facile; je savais un moyen, mais je voulais en garder le secret. On me pressa si vivement que je finis par m'expliquer. L'aimable dame n'avait qu'à m'épouser : elle serait transformée à l'instant même en bourgeoise de Francfort. Cette boutade fit rire tout le monde.

Et que ne disait-on pas? La conversation était un jour sur la malheureuse campagne, particulièrement sur la canonnade de Valmy. M. de Grimm assura qu'on avait parlé à la table du Roi de ma singulière promenade dans le feu de l'artillerie. On l'avait connue, selon toute vraisemblance, par les officiers que j'avais rencontrés. La conclusion fut qu'il ne fallait pas s'en étonner;

qu'on pouvait tout attendre d'un homme singulier.

Un habile médecin, homme d'esprit, vint prendre part à nos demi-saturnales, et je ne pensais pas, dans mon outrecuidance, avoir sitôt besoin de lui. Aussi se prit-il à rire aux éclats, à mon grand dépit, quand il me trouva au lit, où me tenait presque immobile un violent rhumatisme. Élève du conseiller secret Hoffmann, dont les fortes manies avaient exercé leur action de Cologne et de la cour de l'électeur jusque fort loin sur le Rhin, il employa le camphre, qui était alors comme un remède universel. Du papier-joseph, frotté de craie et saupoudré de camphre, pour l'usage externe, du camphre également, par petites doses, à l'intérieur, voilà ce qu'on employait. Je ne sais ce qu'il en faut penser, mais je fus guéri en quelques jours.

Cependant l'ennui causé par la souffrance me suggéra bien des réflexions : la faiblesse que l'on contracte à garder le lit me fit juger ma position dangereuse. Les progrès des Français dans les Pays-Bas étaient considérables et grossis par la renommée ; chaque jour et à chaque heure, on annonçait l'arrivée de nouveaux émigrés. Je m'étais arrêté assez longtemps à Pempelfort, et, si la famille ne s'était montrée cordialement hospitalière, chacun aurait dû se croire importun. Mon séjour ne s'était d'ailleurs prolongé que par une circonstance accidentelle : j'attendais d'heure en heure ma chaise, que j'aurais voulu ne pas laisser en arrière. Elle était arrivée de Trèves à Coblenz, elle devait m'être bientôt expédiée de cette ville ;

mais, comme elle n'arrivait pas, je sentis s'augmenter l'impatience qui m'avait pris dans les derniers jours. Jacobi m'abandonna une voiture de voyage, commode mais assez pesante. Tout le monde se retirait, disait-on, en Westphalie, et les frères du Roi voulaient y établir leur demeure.

Je partis donc, en proie aux plus étranges combats. L'affection me retenait dans un cercle d'amis excellents, livrés en ce moment à la plus grande inquiétude, et je devais laisser dans le souci et les alarmes les plus nobles cœurs; par des chemins et un temps épouvantables, me hasarder encore dans le monde troublé, entraîné par le torrent des fugitifs, dont rien ne pouvait arrêter la course, éprouvant moi-même les sentiments du fugitif. Et pourtant j'avais en chemin la perspective du plus agréable gîte, puisque, étant si près de Munster, je ne pouvais manquer de rendre visite à la princesse Gallitzin.

———

Duisbourg, fin novembre 1792.

Ainsi donc, au bout de quatre semaines, mais, il est vrai, à bien des milles du théâtre de nos premières souffrances, je me trouvais encore dans la même société, dans la même foule d'émigrés, qui, cette fois, repoussés décidément de l'autre rive, affluaient en Allemagne, sans ressource et sans conseil. A midi, arrivé un peu tard à l'auberge, je pris place au bout d'une longue table. L'hôte et l'hôtesse, qui m'avaient déjà fait connaître, comme à un Allemand, leur antipathie pour les Français, s'excusèrent de ce que toutes les bonnes places étaient occupées par ces hôtes malvenus. Là, j'observai que, en dépit de leur abaissement, de leur détresse et de l'indigence qui les menaçait, ils montraient toujours le même esprit d'étiquette et la même suffisance. En levant les yeux, j'aperçus au haut de la table, à la première place, un vieux petit monsieur, bien fait, tranquille, presque immobile. Ce devait être un personnage de distinction, car ses deux voisins lui témoignaient les plus grandes attentions, choisissaient les premiers et les meilleurs morceaux pour les lui présenter, et l'on aurait pu dire qu'ils les lui mettaient à la bouche. Je sus bientôt qu'ayant perdu avec l'âge presque toute connaissance de lui-même, misérable automate, il traînait tristement par le monde l'ombre d'une vie autrefois opulente et honorée, tandis que deux personnes dévouées s'efforçaient de faire miroiter devant lui le songe de son premier état.

J'observai les autres convives : on pouvait lire sur tous les fronts les plus fâcheuses destinées; ces personnes paraissaient être des soldats, des commissaires, des aventuriers. Tous étaient silencieux, car chacun avait à porter sa propre infortune; ils voyaient devant eux une détresse sans bornes. On était à peu près au milieu du repas quand un beau jeune homme entra. Il n'avait ni une tournure distinguée, ni aucun insigne. On ne pouvait méconnaître en lui le piéton. Il prit place, sans mot dire, vis-à-vis de moi, après avoir demandé à l'hôte un couvert par un signe de tête, et il mangea tranquillement ce qui lui fut servi. En sortant de table, je m'approchai de l'hôte, qui me dit à l'oreille : « Votre voisin ne payera pas cher son écot. » Je ne comprenais rien à ces paroles ; mais, quand le jeune homme se fut approché et qu'il eut demandé ce qu'il devait, l'hôte lui répondit, après avoir jeté un rapide coup d'œil autour de la table : « L'écot est d'un kopfstuck [1]. » L'étranger parut embarrassé et dit que c'était sans doute une erreur, car il avait eu non seulement un bon dîner, mais encore une chopine de vin. Cela devait faire davantage. L'hôte répondit, du ton le plus sérieux, qu'il était accoutumé à faire ses comptes lui-même, et que les voyageurs payaient volontiers ce qu'il demandait. Le jeune homme paya et s'éloigna modestement avec un air de surprise. Aussitôt l'aubergiste me dit le mot de l'énigme : « C'est le premier de ces maudites gens qui ait mangé du pain noir ! Cela devait lui profiter. »

Je n'avais à Duisbourg qu'une ancienne connaissance, et je ne manquai pas de lui rendre visite. C'était le professeur Plessing, avec qui j'avais eu, bien des années auparavant, des relations romanesques et sentimentales, que je veux consigner ici en détail : car, dans la conversation que nous eûmes le soir, elles nous reportèrent d'un temps orageux dans des jours paisibles.

Quand il fit son apparition en Allemagne, *Werther* n'éveilla nullement, comme on le lui a reproché, mais révéla seulement une maladie, une

---

[1]. A peu près 1 franc.

fièvre, qui était cachée dans les jeunes cœurs. Pendant une longue et heureuse paix, une culture esthétique et littéraire s'était admirablement développée sur la terre allemande et dans les limites de la langue nationale ; mais, cette culture ne se rapportant qu'à l'homme intérieur, il s'y joignit bientôt une certaine sentimentalité, dans l'origine et le progrès de laquelle on ne peut méconnaître l'influence d'Yorick Sterne. Lors même que son esprit ne planait pas sur l'Allemagne, il nous communiqua d'une manière d'autant plus vive sa sensibilité. On vit naître une sorte d'ascétisme tendre et passionné, qui devait (l'ironie humoristique de l'Anglais ne nous étant pas donnée) dégénérer en une fâcheuse mélancolie. J'avais cherché à me délivrer de ce mal, et je tâchai d'être, selon ma conviction, secourable aux autres ; mais la chose était plus difficile qu'on ne pouvait le penser, car il s'agissait proprement de soutenir chacun contre lui-même, et là il ne pouvait être question de tous les secours que nous offre le monde, connaissances, instruction, occupations ou faveur.

Ici, nous devons passer sous silence bien des forces actives qui concoururent à l'effet ; mais, pour notre but, il est nécessaire de mentionner avec détail une autre tendance considérable, qui agissait d'une manière indépendante. La *Physiognomonie* de Lavater avait donné à l'activité morale et sociale une tout autre direction. Il se sentait en possession de la faculté éminemment spirituelle de signaler l'ensemble des impressions que la physionomie et la figure de l'homme produisent sur chacun, sans qu'on sache s'en rendre compte; mais, comme Lavater n'avait pas le don d'étudier avec méthode une abstraction, il s'en tenait aux cas particuliers, à l'individu.

Henri Lips, jeune artiste plein de talent, qui réussissait particulièrement dans le portrait, se joignit à Lavater, et, soit à Zurich, soit dans le voyage du Rhin, il ne quitta pas son patron. Toujours affamé d'expériences nouvelles, et voulant accoutumer, associer à ses ouvrages futurs autant d'hommes marquants qu'il pourrait, il faisait faire le portrait de toutes les personnes qui lui avaient paru quelque peu distinguées par leur position, leurs talents, leur caractère ou leurs actions. Par là, des individualités furent mises en évidence ; on eut quelque valeur de plus, quand on fut admis dans une si noble société; les qualités étaient mises en relief par les révélations du maître; on croyait se mieux connaître les uns les autres, et il arriva, chose étrange, qu'on vit ressortir d'une manière décidée, avec leur valeur individuelle, bien des personnes jusqu'alors classées et confondues, comme insignifiantes, dans les rangs de la vie civile et politique.

Cette influence fut plus forte et plus grande qu'on ne peut l'imaginer. Chacun se sentait autorisé à concevoir de lui-même l'idée la plus favorable, comme d'un être complet et achevé; et, confirmé absolument dans son individualité, chacun se croyait aussi autorisé à admettre ses particularités, ses folies et ses défauts dans l'ensemble de sa noble existence. Ce résultat put se développer d'autant plus aisément que, dans toute l'affaire, il n'était question que de la nature particulière, individuelle, sans égard à la raison universelle, qui doit cependant dominer toute nature. L'élément religieux, dans lequel vivait Lavater, ne suffisait pas pour tempérer un amour-propre toujours plus décidé; il en résultait même chez les gens pieux un orgueil spirituel encore plus exalté que l'orgueil naturel.

Une conséquence surprenante, qui se fit jour après cette époque, fut l'estime des individus les uns pour les autres. On rendait un culte sinon à la personne, du moins à l'image des vieillards célèbres. Il suffisait qu'un jeune homme se fût rendu un peu remarquable, pour qu'on sentît le désir de faire sa connaissance personnelle, à défaut de quoi l'on se contentait de son portrait, et l'on trouvait à cet égard de quoi se satisfaire dans les silhouettes que des mains habiles et soigneuses exécutaient avec beaucoup de précision. Chacun y était exercé, et il ne passait aucun étranger qu'on ne l'inscrivît, le soir, contre la muraille. Les pantographes n'avaient point de repos.

On nous promettait sur cette voie la connaissance et l'amour de l'humanité; la sympathie mutuelle s'était développée : on faisait moins de progrès dans la connaissance mutuelle. Cependant, pour l'un et l'autre objet, l'activité était très grande, et l'on ferait un beau récit de ce qu'un jeune prince, admirablement doué, et son entourage bien intentionné, spirituel et vif, prodiguèrent auprès et au loin d'encouragements et de secours, s'il ne semblait pas louable de laisser dans une vénérable obscurité les commencements des situations qui marquent. Peut-être les cotylédons de cette plante avaient-ils un singulier aspect; mais la moisson, dont la patrie et le monde étranger prirent joyeusement leur part, ne manquera pas d'éveiller dans les temps les plus reculés un reconnaissant souvenir.

Si le lecteur fixe dans sa pensée ce qu'on vient d'exposer et s'en pénètre, il ne trouvera ni invraisemblable ni extravagante l'aventure que je vais rapporter, et dont les deux acteurs ravivèrent gaiement le souvenir pendant leur souper.

Dans le milieu de l'année 1777, parmi les lettres et les visites dont j'étais accablé, il m'arriva de Wernigerode une lettre, ou plutôt un cahier, signé Plessing, la chose la plus étrange peut-être qui se fût produite à moi dans ce genre mélancolique. On y reconnaissait un jeune homme formé par les écoles et par l'université, à qui toute sa science ne procurait aucune paix intérieure. Une écriture exercée, facile à lire, un style souple et coulant, où l'on découvrait une vocation pour l'éloquence de la chaire, mais où tout était vif, honnête et partait du cœur, en sorte qu'on ne pouvait lui refuser en retour la sympathie. Cependant cette sympathie voulait-elle devenir vivante, cherchait-on à s'expliquer mieux l'état de cet homme souffrant, on croyait remarquer, au lieu de la résignation, l'entêtement; au lieu de la patience, l'obstination; au lieu d'une ardente recherche, un repoussant dédain. Aussitôt, selon l'esprit du temps, je sentis le vif désir de voir de mes yeux ce jeune homme, mais je ne jugeai pas à propos de le faire venir. Je m'étais déjà chargé, dans des circonstances connues, d'un certain nombre de jeunes hommes, qui au lieu de chercher avec moi, en suivant ma voie, une culture plus élevée et plus pure, restant dans leur sentier, ne se trouvaient pas mieux et gênaient mes progrès. Cependant je laissais en suspens l'affaire, et j'attendais que le temps me fournît quelque moyen.

Je reçus une seconde lettre, plus courte, mais plus vive, plus pressante, dans laquelle on sollicitait une réponse et une explication, et on me conjurait solennellement de ne pas la refuser. Ce nouvel assaut me laissa tout aussi maître de moi ; la seconde lettre ne m'alla pas au cœur plus que la première, mais l'habitude m'avait fait un besoin d'assister les jeunes gens de mon âge dans leurs peines d'esprit et de cœur : elle ne me laissa pas oublier celui-ci.

La société de Weimar, groupée autour d'un excellent jeune prince, se dispersait rarement ; occupations, entreprises, badinages, plaisirs et peines, elle mettait tout en commun. Vers la fin de novembre, on avait résolu, pour satisfaire aux plaintes fréquentes des paysans, une partie de chasse au sanglier. Je devais y assister, mais je demandai la permission de faire un détour avant de rejoindre la chasse.

Je m'étais tracé un plan secret de voyage. J'avais entendu des gens d'affaires et des habitants de Weimar, amis du bien public, exprimer vivement le vœu qu'on rouvrît les mines d'Ilmenau. Je n'avais sur ce genre de travaux que des idées tout à fait générales ; aussi ne me demandait-on pas mon avis et mon opinion, mais un té-

moignage d'intérêt. Or je ne savais m'intéresser
à un objet que par l'observation immédiate, et je
crus avant tout indispensable de voir de mes yeux,
ne fût-ce qu'en passant, tout l'ensemble du travail
des mines, et de m'en faire une idée. J'avais à cet
effet projeté dès longtemps un voyage dans le
Harz, et, dans cette saison, qui, étant d'ailleurs
celle de la chasse, nous appelait à vivre en plein
air, je me sentis entraîné à exécuter mon projet.
Tout ce qui concernait l'hiver avait d'ailleurs à
cette époque de grands charmes pour moi, et quant
aux mines, ni l'hiver, ni l'été n'étaient sensibles
dans leurs profondeurs. Au reste, le désir de voir
mon bizarre correspondant contribua beaucoup à
me déterminer.

Tandis que les amis de la chasse prenaient d'un
autre côté, je me rendis tout seul à Ettersberg, et
je commençai en chemin l'ode intitulée *Voyage
dans le Harz en hiver*, qui a paru si longtemps
comme une énigme parmi mes poésies. Au milieu
des nuages sombres que roulait de mon côté le
vent du nord, un vautour planait sur ma tête. Je
passai la nuit à Sondershausen, et, le lendemain,
j'arrivai si vite à Nordhausen qu'aussitôt après le
dîner je résolus d'aller plus loin, mais, accompagné d'un guide, portant une lanterne; je n'attei-
gnis Ilfeld que très tard. Un hôtel de belle apparence était brillamment illuminé; on eût dit qu'il
s'y célébrait une fête particulière. L'hôtelier refusa d'abord de me recevoir. « Les commissaires
des cours suprêmes, disait-il, ont été longtemps
occupés ici à prendre d'importantes mesures
et à concilier différents intérêts. Maintenant que

leur tâche est heureusement terminée, ils font ce soir un repas en commun. » Sur mes instances, et sur quelques signes du guide qu'il ne fallait pas mal agir à mon égard, l'homme offrit de me céder l'alcôve dans la grande salle, sa propre chambre par conséquent, et de faire mettre à son lit nuptial des draps frais pour moi. Il me fit traverser la grande salle éclairée à giorno, et je regardai rapidement en passant l'assemblée des joyeux convives.

Cependant, pour me distraire à les regarder tous, je trouvai dans les boiseries de l'alcôve un trou, d'où je pus les guetter et qui devait servir souvent à l'hôtelier même. Je voyais de bas en haut la table bien éclairée; elle présentait l'aspect des noces de Cana. Voici ce que je distinguai bien nettement : les présidents, les conseillers, les autres assesseurs, et puis, toujours plus loin, les secrétaires, les scribes, les auxiliaires. L'heureuse conclusion d'une affaire épineuse semblait établir l'égalité entre tous les collaborateurs; on causait avec abandon, on portait des toasts, les plaisanteries se croisaient, quelques convives semblaient en être les plastrons. En un mot, c'était un banquet important et joyeux; je pouvais l'observer tranquillement dans tous ses détails particuliers, à l'éclat des bougies, comme si le diable boiteux avait été à mes côtés et m'avait permis de voir directement un spectacle complètement étranger. Après la course de nuit la plus pénible dans le Harz, cette vue était bien réjouissante; ceux qui aiment les aventures de ce genre en jugeront. Parfois, cela me paraissait une fantasmagorie, comme si je voyais dans une caverne les joyeux ébats d'une troupe de génies. Après une bonne nuit, je me fis conduire à la grotte de Baumann, que je parcourus tout entière, observant le travail incessant de la nature. Des blocs de marbre noir, désagrégés et transformés en blanches colonnes de cristal, me révélaient la vie constamment agissante de la nature. Sans doute, devant mon paisible regard, s'évanouissaient toutes les images merveilleuses qu'une sombre fantaisie aime tant à faire jaillir de corps informes ; mais la vérité vraie ne se dégageait qu'avec plus de pureté, et j'emportai de cet examen de précieuses connaissances.

Revenu à la lumière du jour, je notai les observations les plus nécessaires, en même temps que les premières strophes de l'ode du Harz. Celles qui ont rapport à l'homme singulier que j'allais bientôt voir peuvent trouver ici leur place, parce qu'elles exprimeront mieux que beaucoup de paroles les dispositions affectueuses où je me trouvais alors.

« Mais qui vois-je à l'écart? sa trace se perd dans le fourré; derrière lui, les buissons battent leurs branches, le gazon se relève, la solitude l'engloutit.

« Ah! comment guérir les douleurs de celui pour qui le baume est devenu un poison, qui dans les flots de l'amour s'est abreuvé de misanthropie! Méprisé des hommes, qu'il méprise à son tour, il dévore secrètement son mérite propre dans un égoïsme insatiable.

« S'il est sur ta lyre, ô père de l'amour, des sons accessibles à son oreille, apaise son cœur! Découvre à son regard enveloppé de nuages les mille sources qui jaillissent auprès de l'homme altéré. »

Arrivé à l'auberge de Wernigerode, j'entrai en propos avec le garçon ; je trouvai un homme intelligent, qui paraissait connaître assez bien les gens de la ville. Je lui dis que j'avais coutume, quand j'arrivais dans quelque endroit sans recommandations particulières, de m'enquérir de jeunes hommes distingués par leur science ; qu'il me ferait plaisir de m'en nommer quelqu'un, avec lequel je pourrais passer une agréable soirée. Il me répondit sans hésiter que la société de M. Plessing, fils du surintendant, était justement mon fait. Il s'était distingué dès son enfance dans les collèges, et il avait toujours la réputation d'un homme habile et appliqué ; on blâmait seulement son humeur sombre, et l'on trouvait mauvais qu'avec des manières malgracieuses il s'éloignât de la société. Avec les étrangers il était prévenant, comme il l'avait montré plus d'une fois. Si je voulais être annoncé, la chose pouvait se faire à l'instant.

J'acceptai. Le garçon m'apporta une réponse affirmative et me conduisit chez Plessing. C'était le soir. Je fus introduit dans une grande chambre du rez-de-chaussée, comme on en trouve dans les presbytères. Je vis encore assez distinctement le jeune homme dans le crépuscule, et je m'aperçus que les parents avaient quitté la chambre pour faire place au visiteur inattendu.

On apporta la lumière, et je pus reconnaître alors que le personnage ressemblait parfaitement à sa lettre. Comme elle, il éveillait l'intérêt, sans attirer à lui. Afin d'engager la conversation, je me donnai pour un peintre de Gotha, que des affaires de famille appelaient, dans cette mauvaise saison, chez sa sœur et son beau-frère dans le Brunswick. Il me laissa à peine le temps d'achever et s'écria : « Puisque vous demeurez si près de Weimar, vous aurez sans doute visité souvent cette ville, qui devient si célèbre? » Je répondis affirmativement du ton le plus simple, et je commençai à parler du conseiller Kraus, de l'école de dessin, de Bertuch, le conseiller de légation, et de son activité infatigable; je n'oubliai ni Musaeus, ni Jagemann, ni Wolf, le maître de chapelle; je nommai quelques dames, et je fis le tableau de la société que formaient ces personnes de mérite, et dans laquelle les étrangers étaient reçus avec bienveillance.

Enfin il me dit avec quelque impatience : « Pourquoi ne parlez-vous pas de Gœthe? » Je répondis que je l'avais vu aussi très bien accueilli dans ce cercle, et qu'en ma qualité d'artiste étranger j'avais moi-même reçu de lui un bon accueil et des encouragements. Tout ce que je pouvais ajouter, c'est qu'il vivait soit dans la retraite, soit avec d'autres amis. Le jeune homme, qui m'avait écouté avec une attention inquiète, me demanda alors avec quelque impatience de lui peindre ce singulier personnage, qui faisait tant parler de lui. Je lui fis très ingénument une peinture qui ne me coûtait guère, puisque le singulier personnage était là présent dans une position fort singulière, et, si la nature eût donné à mon interlocuteur un peu plus de pénétration, il n'aurait pu méconnaître que son hôte se décrivait lui-même.

Il avait fait quelques tours dans la chambre, tandis qu'une servante apportait une bouteille de vin et un souper froid proprement servi. Il remplit nos verres, et, après avoir trinqué, il vida le sien lestement. A peine avais-je achevé le mien à traits plus modérés, qu'il me prit vivement par le bras et s'écria : « Oh ! pardonnez ma singulière conduite ! Vous m'avez inspiré tant de confiance que je dois tout vous découvrir. Cet homme, tel que vous me le décrivez, aurait dû me répondre. Je lui ai adressé une lettre détaillée, cordiale ; je lui ai peint ma situation, mes souffrances ; je l'ai prié de s'intéresser à moi, de me conseiller, de m'aider, et voilà des mois écoulés sans que j'aie de ses nouvelles ! Une confiance si illimitée aurait mérité du moins un mot de refus. »

Je répondis que je ne pouvais ni expliquer ni justifier une pareille conduite. Je savais seulement par ma propre expérience qu'une ardeur impétueuse de l'esprit et du tempérament mettait souvent ce jeune homme, d'ailleurs bien intentionné, bienveillant et secourable, hors d'état d'agir et même de se mouvoir.

« Puisque le hasard nous a menés si loin, reprit-il avec quelque fermeté, il faut que je vous lise la lettre, et vous jugerez si elle méritait une réponse. » J'arpentai la salle en attendant la lecture, à peu près certain de l'impression qu'elle produirait ; aussi donnai-je à mes pensées un autre cours, pour ne pas avoir de sentiment préconçu dans une si délicate occurrence. Puis il s'assit devant moi et commença la lecture de ces feuilles, que je savais par cœur. Jamais peut-être je n'ai autant été de l'avis des physiognomonistes qui prétendent qu'un être vivant est toujours parfaitement d'accord avec lui-même dans ses actes et dans ses manières, et que chaque monade, en entrant dans la réalité, se manifeste avec l'unité la plus parfaite de ses diverses propriétés. Le lecteur cadrait parfaitement avec la lettre. Je ne m'étais senti pour lui aucun attrait avant de l'avoir vu, et sa présence ne changea pas mes dispositions. Je ne pouvais lui refuser l'estime, l'intérêt, qui m'avaient décidé à faire cette course aventureuse, car il montrait une sérieuse volonté, de nobles intentions ; mais, quoiqu'il fût question des sentiments les plus tendres, l'exposition restait sans grâce et laissait fortement paraître un étroit égoïsme. Quand il eut achevé, il me demanda avec impatience ce que j'en pensais, et si une lettre pareille n'aurait pas mérité, exigé une réponse.

L'état déplorable du pauvre Plessing m'était toujours plus manifeste ; il n'avait jamais porté son attention sur le monde extérieur ; redevable à la lecture d'une instruction variée, il avait tourné en dedans toutes ses forces, toutes ses inclinations, et, comme il ne trouvait en lui-même aucun génie producteur, il s'était, on peut le dire, plongé dans l'abîme. Il semblait être complètement étranger au plaisir et au soulagement que nous pouvons trouver, d'une manière si charmante, dans l'étude des langues anciennes.

Comme j'avais déjà fait sur moi et sur d'autres l'heureuse expérience qu'en pareil cas un prompt et confiant recours à la nature est le meilleur remède, je risquai encore cette même tentative, et, après quelques moments de réflexion, je lui fis cette réponse :

« Je crois deviner, lui répondis-je, pourquoi le jeune homme qui vous avait inspiré tant de confiance est resté muet à votre égard : ses idées actuelles s'éloignent trop des vôtres pour qu'il puisse espérer de s'accorder avec vous. Je l'ai entendu affirmer que le seul remède à cette douloureuse et sombre mélancolie est la contemplation de la nature, et un intérêt sincère que l'on prend au monde extérieur. La connaissance, même la plus générale, de la nature, sous quelque face qu'on l'étudie; une vie active, comme jardinier ou campagnard, comme chasseur ou mineur, nous arrache à nous-mêmes; en dirigeant nos forces intellectuelles sur des phénomènes réels et véritables, nous acquérons peu à peu la satisfaction, la clarté, l'instruction la plus grande; tout comme l'artiste qui s'attache fidèlement à la nature, et cherche en même temps à cultiver son âme, aura certainement les meilleurs succès. »

A ces mots, le jeune ami parut très inquiet et très impatient, comme nous irrite un langage étranger ou confus que nous ne pouvons comprendre. Sans trop espérer une heureuse réussite, et plutôt pour ne pas rester bouche close, je continuai ces discours. « Comme peintre de paysage, lui dis-je, j'ai dû être frappé tout premièrement de cette vérité, mon art ayant pour objet direct la nature : mais, depuis lors, non seulement j'ai observé avec plus d'assiduité et d'ardeur qu'auparavant les objets et les phénomènes extraordinaires et surprenants, mais encore j'ai pris intérêt à tout ce qui se présente. » Pour ne pas m'égarer dans les généralités, je lui contai comme quoi ce voyage forcé pendant l'hiver, au lieu de m'être désagréable, m'avait procuré des jouissances continuelles; je lui en fis une description poétique, et pourtant aussi directe et aussi naturelle que je pus. Je peignis l'aurore et le ciel neigeux au-dessus des montagnes, les phénomènes diurnes les plus divers; puis j'offris à son imagination les singulières constructions de Nordhausen, vues au crépuscule naissant, puis les eaux étincelantes dans les ravins sous la lueur fugitive de la lanterne de mon guide, leurs grondements dans la nuit, et j'arrivai enfin à la grotte de Baumann. Là il m'interrompit vivement et m'assura qu'il l'avait vue et qu'il regrettait fort ce court voyage. La grotte n'avait nullement répondu à l'image qu'il s'en était faite. D'après ce qui avait précédé, ces symptômes morbides ne pouvaient m'affliger; combien de fois déjà n'avais-je pas dû apprendre que l'homme repousse la claire réalité pour le vague fantôme, enfant de sa sombre imagination! Je fus tout aussi peu surpris quand je lui demandai comment donc il se l'était représentée, et qu'il me fit une description que le plus hardi décorateur n'aurait pas risquée pour représenter le vestibule du royaume de Pluton.

J'essayai là-dessus quelques autres moyens curatifs; mais comme il les écarta d'une manière absolue, assurant que rien dans ce monde ne pouvait lui suffire, mon cœur se ferma, et, après le pénible voyage que j'avais entrepris avec la meilleure intention, je crus ma conscience déchargée ; je me crus dégagé de toute obligation envers mon correspondant.

Il était déjà tard, je refusai d'entendre la seconde lettre, plus violente encore, et que je connaissais également ; je m'excusai, en faisant valoir mon excessive lassitude, et, comme il m'invitait au nom de ses parents à dîner le lendemain, je dis que je lui rendrais réponse le matin. Notre séparation fut amicale et paisible. Sa personnalité vous laissait une impression toute particulière : il était de taille moyenne, ses traits n'avaient rien de sympathique ni d'antipathique, la singularité de ses manières ne ressemblait pas à de l'impolitesse ; il pouvait plutôt passer pour un jeune homme bien élevé, qui s'était, à l'école et à l'Université, paisiblement préparé à la chaire du pasteur et du professeur. Sorti de la maison, je trouvai le ciel étincelant d'étoiles, les rues et les places couvertes de neige ; je m'arrêtai sur un petit pont pour contempler cette nuit d'hiver. Je réfléchis en même temps à mon aventure, et je me sentis fermement résolu à ne pas revoir ce jeune homme. J'ordonnai que mon cheval fût prêt au point du jour, et je remis au garçon d'auberge un petit billet d'excuse écrit au crayon, en lui disant beaucoup de choses bonnes et vraies sur le compte du jeune homme qu'il m'avait fait connaître ; et sans doute mon adroit commissionnaire se sera fait un plaisir d'en tirer parti.

Je poursuivis ensuite ma course sur le versant nord-est du Harz, par un temps de neige affreux, et, après avoir visité et soigneusement observé le

Rammelsberg, les forges de laiton, ainsi que les autres établissements de ce genre, je me rendis à Goslar [1]. Je n'en dis pas plus cette fois-ci, parce que j'espère en entretenir le lecteur plus tard et avec détail.

Je ne saurais dire combien il s'était passé de temps sans qu'il me fût venu d'autres nouvelles de ce jeune homme, lorsque je reçus à l'improviste, dans mon Gartenhaus à Weimar, un billet par lequel il m'annonçait sa visite. Je lui répondis en quelques mots qu'il serait le bienvenu. Je m'attendais à une scène étrange de reconnaissance, mais il se présenta fort tranquillement et me dit : « Je ne suis pas surpris de vous trouver ici, car l'écriture de votre billet m'a rappelé parfaitement les lignes que vous me laissâtes en partant de Wernigerode, en sorte que je n'ai pas douté un moment de retrouver ici le mystérieux voyageur. »

Ce début était de bon augure, et il s'établit entre nous une conversation familière, où il s'efforça de me développer sa situation. De mon côté, je ne lui cachai pas ma manière de penser. Je ne saurais plus dire à quel point son état moral s'était amélioré, mais il devait être passable, puisque, après plusieurs entretiens, nous nous séparâmes en très bons termes : seulement, je ne pus répondre au désir qu'il m'exprima vivement de former avec moi une étroite liaison d'amitié.

Nous restâmes encore quelque temps en correspondance, et j'eus l'occasion de lui rendre quelques

---

1. Ville du Hanovre, siège de l'administration des mines du Harz.

services, ce qu'il me rappela avec reconnaissance dans notre nouvelle rencontre. Nous passâmes d'ailleurs quelques heures agréables à revenir sur ces jours écoulés. Toujours occupé de lui uniquement, il eut beaucoup de récits, de confidences à me faire. Avec le temps, il avait réussi à se faire la réputation d'un écrivain estimé, en se livrant à des travaux sérieux sur l'histoire de la philosophie ancienne, surtout de celle qui incline au mystère, s'efforçant d'en déduire les origines et l'état primitif de l'humanité. Il m'avait envoyé ses ouvrages à mesure qu'ils paraissaient, mais je dois avouer que je ne les avais pas lus. Ces recherches étaient trop éloignées de celles qui m'intéressaient.

Je ne trouvai d'ailleurs nullement heureuse sa situation présente. Il avait enfin conquis par des efforts opiniâtres la connaissance des langues et de l'histoire, qu'il avait longtemps négligées ; mais ces excès de fatigue intellectuelle avaient altéré sa santé. Sa position financière ne paraissait pas non plus des meilleures ; son revenu modique ne lui permettait pas de se soigner et de se ménager ; la sombre agitation de sa jeunesse ne s'était pas entièrement apaisée ; il paraissait toujours aspirer à l'inaccessible, et, lorsque enfin nous eûmes épuisé les souvenirs de nos anciennes relations, nous ne trouvâmes plus rien d'agréable à nous dire. Ma manière d'être pouvait sembler encore plus éloignée de la sienne qu'autrefois. Cependant nous nous quittâmes dans les meilleurs termes ; mais je le laissai, comme les autres, soucieux et alarmé des calamités présentes.

J'allai aussi rendre visite au docteur Merrem.

dont les belles connaissances en histoire naturelle nous fournirent d'abord une conversation intéressante. Il me montra plusieurs objets remarquables, et me donna son ouvrage sur les serpents. J'en devins attentif à ce qu'il me conta encore de ses aventures, et j'en profitai, car c'est là un fruit excellent des voyages, que nous nous intéressons pour toute notre vie aux lieux et aux personnes que nous avons une fois connus.

Munster, décembre 1792.

Annoncé à la princesse Gallitzin, j'espérais trouver d'abord un gîte commode, mais avant je dus encore subir une épreuve, je fus arrêté en chemin par divers obstacles, et la nuit était déjà fort avancée quand j'arrivai à la ville. Je ne jugeai pas à propos de mettre dès l'entrée l'hospitalité à l'épreuve par une telle surprise, et je m'arrêtai devant une auberge, où l'on me refusa une chambre et un lit : les émigrés n'avaient pas laissé la moindre place. J'eus bientôt pris mon parti, et je passai la nuit sur une chaise dans la chambre commune, toujours plus commodément que naguère, quand, par une pluie battante, nous ne trouvions ni feu ni lieu.

Après cette légère privation, je me vis, le lendemain, l'objet des meilleurs traitements. La princesse vint à ma rencontre, et je trouvai tout préparé dans sa maison pour me recevoir. Je savais fort bien de mon côté comment je devais me comporter. Je connaissais d'autrefois les membres de la société ; je savais que j'entrais dans une maison pieuse, et je me conduisis en conséquence. Mes hôtes, de leur côté, se montrèrent affables, sages et nullement étroits.

La princesse nous avait fait visite à Weimar, plusieurs années auparavant, avec Furstenberg et Hemsterhuis ; ses enfants l'accompagnaient aussi. Dès lors on s'était déjà mis d'accord sur certains points, et, passant une chose, en souffrant une autre, on s'était séparé en parfaite intelligence. La princesse était une de ces personnes dont on ne peut se faire aucune idée quand on ne les a pas vues, et qu'on ne juge pas bien quand on ne les a pas observées en rapport, comme en conflit, avec les circonstances. Furstenberg et Hemsterhuis, hommes excellents, lui tenaient fidèle compagnie, et, dans une pareille société, le bien comme le beau agissaient, intéressaient sans cesse. Depuis, Hemsterhuis était mort ; de Furstenberg, après tant d'années, était toujours le même homme sage, noble et paisible. Et quelle position singulière parmi ses contemporains ! Ecclésiastique, homme d'État si près de monter sur un trône de prince !

Après avoir épuisé le chapitre des souvenirs, nous en vînmes à parler de Hamann, dont j'aperçus bientôt la tombe dans un coin du jardin défeuillé. Ses incomparables qualités provoquèrent les réflexions les plus belles, mais on ne parla pas de ses derniers jours. L'homme qui avait été si précieux, si intéressant, pour cette société, qu'il avait enfin choisie, devint, dans sa mort, incommode à ses amis : quelque décision que l'on prit pour sa sépulture, il était hors de la règle.

La situation de la princesse, observée de près, ne pouvait paraître qu'aimable. Cette noble femme sentit de bonne heure que le monde ne nous donne rien, qu'il faut se recueillir en soi-même, qu'il faut s'occuper des intérêts du temps et de l'éternité dans un cercle intime et borné. Elle avait embrassé les uns et les autres. Elle trouvait le suprême bien temporel dans ce qui est conforme à la nature. Il faut se rappeler ici les maximes de Rousseau sur la vie civile et sur l'éducation des enfants. On voulait revenir en tout à la simple vérité : les corsets et les souliers à talons avaient disparu; la poudre s'était dissipée; les cheveux tombaient en boucles naturelles; les enfants de la princesse apprenaient à nager et à courir, peut-être même à se battre et à lutter. Je n'aurais pas reconnu sa fille : elle était devenue grande et forte; je la trouvai intelligente, aimable, bonne ménagère, vouée et façonnée à cette vie demi-monastique. Voilà comme on avait réglé la vie temporelle et présente. Les biens futurs, éternels, on les avait trouvés dans une religion qui donne la sainte assurance de ce que les autres font espérer par leurs enseignements.

Mais, comme un aimable intermédiaire entre les deux mondes, s'épanouissait la bienfaisance, effet le plus doux d'un sévère ascétisme. La vie était remplie par les exercices de piété, et la charité, la modération, la tempérance, paraissaient dans toute la tenue de la maison. Les besoins de chaque jour étaient largement et simplement satisfaits; mais la demeure, l'ameublement et tous les objets d'usage n'étaient ni élégants ni précieux. Tout avait l'apparence d'une décente maison garnie. Il en était de même chez Furstenberg. Il habitait un palais, mais un palais étranger, qu'il ne devait pas laisser à ses enfants. Il se montrait de même en toutes choses simple, modéré, content de peu, se reposant sur sa dignité morale, dédaignant tout appareil, comme faisait aussi la princesse.

C'est dans ce milieu que s'éveillèrent des entretiens où l'esprit et le cœur abondaient, graves, nourris par la philosophie, égayés par les arts : si, dans la philosophie, on part rarement des mêmes principes, on est heureux de se trouver mieux d'accord dans les arts.

Hemsterhuis, Néerlandais d'un goût délicat, familiarisé avec les anciens dès ses jeunes années, avait consacré à la princesse sa vie comme ses écrits, qui sont les témoins impérissables d'une mutuelle confiance et d'une culture pareille. Avec une ingénieuse délicatesse, qui lui était particulière, cet homme estimable fut conduit à la recherche infatigable du bon intellectuel et du beau sensible. Pour se pénétrer du premier, il faut être sans cesse environné du second. Aussi, un particulier qui n'a pas à sa disposition de grandes galeries, et qui veut, même en voyage, ne pas être privé des jouissances que lui donnent les arts, ne peut rien désirer de mieux qu'une collection de pierres gravées : cet objet ravissant l'accompagne partout, trésor instructif qui ne pèse point, noble possession qui donne des jouissances continuelles. Mais, pour le recueillir, il ne suffit pas de vouloir;

l'argent ne suffit pas : il faut avant tout l'occasion. Elle ne manqua pas à notre ami : demeurant aux limites de la Hollande et de l'Angleterre, observant le mouvement continuel du commerce et les objets d'art qu'il transportait dans un sens ou dans l'autre, il arriva peu à peu, par des achats et des échanges, à former une belle collection d'environ soixante et dix pièces, avec les conseils de Natter, l'excellent lapidaire. La princesse avait vu naître cette collection, qui avait éclairé son esprit, formé son goût et gagné son affection, et elle la possédait maintenant comme l'héritage d'un ami disparu, qui lui semblait toujours présent dans ces trésors.

La philosophie de Hemsterhuis, ses bases, la marche des idées, je ne pus me les assimiler qu'en les traduisant dans ma langue. Le Beau et ce qui en fait le charme, disait-il, c'est voir et saisir aisément en un seul moment la plus grande quantité d'objets représentés; moi, je disais : Le Beau, c'est apercevoir la vie régulière dans sa plus grande activité et perfection, ce qui nous pousse à la reproduction, ce qui nous donne le sentiment de notre propre activité vitale et la fait se manifester dans toute son intensité. Considéré de près, c'est le même sens, exprimé par des hommes différents, et je m'abstiens d'en dire davantage; car le Beau n'est pas tout créateur, il donne plutôt des promesses; le laid au contraire, sorti de la stagnation, rend lui-même stagnant et ne donne lieu à aucune espérance, à aucun désir, à aucune expectative.

Par là, je crus aussi m'expliquer selon ma manière de voir la lettre *sur la sculpture;* puis, par la même voie, je crus comprendre le petit traité *sur le désir;* en effet, lorsque le Beau, vivement désiré, vient en notre possession, il ne tient pas dans le détail ce qu'il a promis dans l'ensemble, et ainsi il est manifeste que ce qui nous a surexcité comme tout ne nous satisfait absolument pas comme partie.

Ces considérations étaient d'autant plus importantes que la princesse avait vu son ami désirer passionnément des œuvres d'art et se refroidir en les possédant, phénomène moral qu'il avait exprimé avec tant de profondeur et de grâce dans le traité déjà nommé. Sans doute, il faut se poser la question suivante : L'objet de l'enthousiasme ressenti en est-il digne ou non? S'il en est digne, il doit sans cesse augmenter et renouveler la joie et l'admiration qu'il inspire; s'il n'en est pas tout à fait digne, le thermomètre baisse de quelques degrés, et l'on gagne en compréhension ce que l'on a perdu en préjugé. Aussi est-ce parfaitement exact qu'il faut acheter des œuvres d'art pour apprendre à les connaître, afin de supprimer le désir et de connaître la véritable valeur de ces objets. Cependant le désir et la satisfaction du désir doivent alterner à intervalles égaux, s'enchaîner et se détacher réciproquement, afin que celui qui a été trompé une fois ne cesse pas de désirer.

Ces entretiens étaient bien à la portée de la société où je me trouvais. On en jugera le mieux en prenant connaissance des œuvres d'Hemsterhuis, qui, nées dans cette société, lui devaient aussi la vie et la substance.

Mais on trouvait toujours un nouvel et extrême plaisir à revenir aux pierres gravées.

On pouvait trouver étrange que la fleur du paganisme fût conservée et hautement appréciée dans une maison chrétienne. Je ne manquai pas de relever les idées charmantes dont l'œil était frappé dans ces admirables petites figures. On ne pouvait y méconnaître l'imitation de grands et nobles ouvrages plus anciens, à jamais perdus pour nous, et dont l'image était conservée, en manière de joyau, dans ces étroits espaces. Presque aucune espèce ne manquait. Le plus vigoureux Hercule, couronné de lierre, ne pouvait nier son origine de colosse; il fallait admirer, après un examen attentif et répété, une rigide tête de Méduse, un Bacchus, jadis conservé dans le cabinet de Médicis, des Bacchanales et des sacrifices exquis, et, outre cela, les plus précieux portraits de personnages connus et inconnus.

De ces entretiens, qui, tout élevés et profonds qu'ils étaient, ne risquaient pas de tomber dans l'abstrus, sembla naître un rapprochement des esprits : car toute vénération d'un objet digne de nos hommages est constamment accompagnée d'un sentiment religieux. Toutefois on ne pouvait se dissimuler que la pure religion chrétienne est toujours hostile à la véritable plastique, parce que cette religion tend à s'éloigner du sensuel, tandis que l'art plastique le reconnaît comme son véritable domaine et qu'il doit y persister. Dans cette pensée, j'improvisai le petit poème que voici :

« Amour, non pas l'enfant, mais le jeune homme, qui séduisit Psyché, promenait dans l'Olympe ses regards audacieux, accoutumés à la victoire. Il vit une déesse plus belle que toutes les autres : c'était Vénus-Uranie, et il brûla pour elle. Hélas ! la sainte elle-même ne résista pas à sa poursuite, et le téméraire la pressa dans ses bras. Ainsi prit naissance un nouvel, un charmant Amour, qui a l'ardeur de son père et la pudeur de sa mère. Vous le trouvez toujours dans la société des douces Muses, et sa flèche stimulante communique l'amour des arts. »

On ne parut pas trop mécontent de cette profession de foi allégorique, mais on ne pressa pas la chose davantage, et de part et d'autre on se faisait un devoir de ne produire ses sentiments et ses convictions que dans la mesure où ils étaient partagés et pouvaient servir, sans controverse, à l'instruction et à la jouissance mutuelles.

Les pierres gravées pouvaient toujours servir de liaison commode quand par hasard la conversation était sur le point de languir. Moi, de mon côté, je ne savais apprécier que le côté poétique, le motif même, la composition et la représentation en général ; les amis étaient habitués à faire des considérations d'un autre genre. Car, pour l'amateur qui veut se procurer de ces bijoux et en faire une belle collection, il ne suffit pas, pour la sûreté de ses acquisitions, qu'il comprenne et goûte l'esprit et le sens de ce précieux travail; mais il faut qu'il appelle à son secours des marques extérieures qui sont malaisées à connaître pour celui qui n'est pas lui-même un praticien dans ce genre. Hemsterhuis avait eu à ce sujet une correspondance de plusieurs années avec son ami Natter.

Des lettres importantes avaient été conservées. Il s'agissait là d'abord de l'espèce de pierre qu'on travaillait, espèce qui changeait avec le temps. Donc il fallait avant tout insister longuement là-dessus, parce que cette différence permettait de distinguer d'importantes époques. De même, un travail fait à la légère indiquait tantôt le génie, tantôt l'incapacité, tantôt l'étourderie, ou bien révélait un temps soit ancien, soit moderne. On attribuait particulièrement une grande valeur au poli des creux, et l'on croyait y voir le témoignage irréfutable des meilleures époques; mais on n'osait pas indiquer de critérium certain pour déterminer absolument si une pierre gravée était bien antique ou bien moderne. L'ami Hemsterhuis lui-même n'était tranquille à cet égard que quand il avait l'approbation de ce remarquable artiste, Natter.

Je ne pus dissimuler que j'entrais là dans un domaine absolument nouveau et qui m'intéressait au plus haut point. J'avais exprimé le regret que le temps, trop court, ne me permît pas d'étudier à fond la collection de pierres gravées; la princesse me dit, à cette occasion, avec grâce et simplicité, qu'elle était disposée à me la remettre, pour l'étudier chez moi avec des amis et des connaisseurs. Je pourrais, disait-elle, examiner et apprendre ainsi cette nouvelle branche des arts plastiques, en y ajoutant des imitations en soufre ou en verre. Cette offre, que je ne pouvais prendre pour un vain compliment, et qui était bien faite pour me séduire, je la refusai cependant avec reconnaissance : la manière dont les pièces étaient classées me donnait à réfléchir. Les bagues étaient dans des écrins séparés, une par une, deux par deux, trois par trois, fixées au hasard l'une à côté de l'autre; il était impossible de voir, après les avoir montrées, s'il en manquait une. La princesse avouait elle-même qu'un jour, dans la meilleure société, un Hercule avait disparu, et qu'on ne s'était aperçu que plus tard de son absence. Je trouvais d'ailleurs assez dangereux de me charger d'une telle valeur dans les circonstances où l'on était alors, et d'assumer sur moi une inquiétante responsabilité. Je cherchai donc à donner, dans les termes les plus polis, les motifs de refus les plus convenables. La princesse parut prendre mes scrupules en considération. Je n'en cherchai qu'avec plus d'ardeur, et par tous les biais possibles, à tourner l'attention de tous sur ces objets.

On m'obligea aussi à rendre quelque compte de mes études d'histoire naturelle; j'aurais mieux aimé n'en rien dire, parce qu'elles avaient peu de chances d'être bien accueillies dans ce milieu. M. de Furstenberg prit la parole : « J'ai appris çà et là avec étonnement, je dirai presque avec stupéfaction, que vous étudiez, pour la Physiognomique, l'ostéologie générale. Pourtant il me semble que cette science ne doit pas être d'un grand secours pour juger les traits du visage humain. » Sans doute, chez quelques amis, pour excuser et jusqu'à un certain point faire admettre l'étude de l'ostéologie, considérée comme indigne d'un poète, j'avais pu dire, et c'était vrai, que la Physiognomique de Lavater m'avait ramené dans cette voie, où j'avais déjà cherché à m'orienter pendant mes études universitaires. Lavater même, le plus heureux observateur des surfaces organisées, avait reconnu que la disposition des muscles et de la peau ainsi que leurs effets dépendaient absolument de la structure intérieure des os, et il avait été amené à faire dessiner dans son ouvrage plusieurs crânes d'animaux. Il m'avait même prié de faire sur ces crânes un article explicatif très court. Mais, dans les circonstances présentes, ce que je voulais répéter ou dire dans le même sens ne pouvait guère me servir. A ce moment, un motif aussi scientifique était trop hors de portée; enserré dans la vie sociale du moment, on n'accordait une certaine importance qu'aux traits mobiles du visage, et peut-être seulement dans les instants de passion, sans considérer que ce n'était peut-être là que l'effet d'une apparence sans règle, et que tous les phénomènes extérieurs, les mouvements, les changements doivent être forcément considérés comme les résultats considérables et importants d'une vie intérieure nettement constatée.

Je réussis mieux à divertir la société, où se trouvaient des ecclésiastiques de sens et d'esprit, des jeunes gens de bonne mine et bien élevés, pleins d'ardeur, et qui promettaient beaucoup pour l'esprit et pour le cœur. Sans que j'en fusse prié, je choisis pour sujets de mes récits les fêtes de l'Église romaine, la semaine sainte, Pâques, la Fête-Dieu, saint Pierre et saint Paul, puis, comme délassement, la bénédiction des chevaux, à laquelle d'autres animaux domestiques prennent part. Ces fêtes m'étaient alors parfaitement présentes avec tous leurs détails caractéristiques, car j'avais formé le projet d'écrire une année romaine, la série des solennités ecclésiastiques et civiles. Et, comme j'étais en état de décrire ces fêtes d'après une impression directe et sans mélange, je vis mon pieux auditoire catholique aussi satisfait de mes tableaux que les mondains l'étaient du carnaval. Un des assistants, qui connaissait peu la société, demanda même tout bas si réellement je n'étais pas catholique. En me contant la chose, la princesse me fit encore un autre aveu. On lui avait écrit avant mon arrivée qu'elle ferait bien de se tenir sur ses gardes ; que je savais si bien prendre un air dévot, qu'on pouvait me croire religieux et même catholique. « Accordez-moi, noble amie, m'écriai-je, que je ne prends pas l'air dévot, que je le suis quand je dois l'être. Il ne m'est point difficile d'observer tous les états d'un regard innocent et pur, et d'en faire ensuite une peinture fidèle. Toute grimace par laquelle des personnes vaines offensent à leur façon l'objet du culte me fut toujours odieuse. Ce qui me répugne, j'en détourne les yeux ; mais j'aime à observer dans leur caractère propre bien des choses que je n'approuve pas précisément, et il se découvre le plus souvent que les autres ont aussi bien le droit d'exister dans leur manière d'être que moi dans la mienne. » Grâce à mes explications, ce point fut encore éclairci, et en s'ingérant dans nos relations d'une manière clandestine, qui n'était rien moins que louable, au lieu de la défiance qu'on voulait éveiller, on avait augmenté la confiance.

Dans une société si délicate, il n'eût pas été

possible de se montrer dur et désobligeant. Je me sentais, au contraire, plus doux que je ne l'avais été depuis longtemps, et, après l'affreux désordre de la guerre et de la fuite, il ne pouvait rien m'arriver de plus heureux que d'éprouver de nouveau l'influence de mœurs humaines et pieuses.

Cependant je manquai une fois de prévenance envers ces nobles amis, si gracieux et si bons : on trouvait que j'avais une manière de lire heureuse, naturelle, expressive ; on désirait de m'entendre, et comme on savait que j'admirais passionnément la *Louise* de Voss, qui avait paru dans le *Mercure* (novembre 1784), et que j'aimais à lire ce poème, on y fit allusion sans importunité ; on plaça le numéro du *Mercure* sous la glace et l'on m'attendit. Je ne saurais dire ce qui me retint ; ma pensée et mes lèvres étaient comme scellées ; je ne sus pas prendre le cahier ; je ne sus pas me résoudre à profiter, pour le plaisir de mes amis et pour le mien, d'une pause de la conversation. Le temps se passa, et je m'étonne encore de cette inconcevable apathie.

Le jour du départ approchait : il fallait bien finir par se séparer. « Maintenant, me dit la princesse, toute opposition sera inutile. Je veux que vous emportiez les pierres gravées : je le demande. » Et comme je persistais à les refuser, dans les termes de la plus affectueuse politesse, elle finit par me dire : « Je vous découvrirai pourquoi je l'exige. On m'a déconseillé de vous confier ce trésor, et, pour cela même, je veux, je dois le faire. On m'a représenté que je ne vous connais pas assez pour être tout à fait sûre de vous dans une affaire pa-

14

reille. A quoi j'ai répondu : « Ne croyez-vous donc
« pas que l'idée que j'ai de lui me soit plus pré-
« cieuse que ces pierres? S'il me fallait perdre
« l'opinion que j'ai de lui, j'aimerais autant perdre
« aussi ce trésor. » Je ne pus rien répliquer, car, en
s'exprimant ainsi, elle avait su m'engager autant
que me faire honneur. Elle écarta tous les autres
obstacles. Les empreintes en soufre cataloguées
furent empaquetées avec les originaux dans une
jolie cassette, pour le contrôle, qui pouvait être
jugé nécessaire, et un très petit espace suffit à ces
trésors aisément transportables.

On se fit des adieux pleins d'amitié, mais sans
se quitter encore : la princesse m'annonça qu'elle
voulait m'accompagner jusqu'à la première station; elle prit place à côté de moi dans ma voiture; la sienne suivait. La conversation se reporta
sur les points essentiels de la vie et de la doctrine;
je répétai doucement et paisiblement mon credo
ordinaire; elle persista dans le sien; puis chacun
s'en alla chez soi, et elle m'exprima le vœu de me
revoir ici-bas ou là-haut.

Cette formule d'adieu de pieux et bienveillants
catholiques ne m'était ni étrangère ni désagréable;
elle m'avait été souvent adressée aux eaux par
des connaissances passagères, et souvent aussi
par des prêtres, mes amis, et je ne vois pas pourquoi je saurais mauvais gré à toute personne qui
souhaite de m'attirer dans sa sphère, la seule où,
selon sa conviction, on peut vivre et mourir tranquille, dans l'espérance d'une éternelle félicité.

Weimar, depuis décembre 1792 jusqu'en avril 1793.

Les soins et les recommandations de ma noble amie avaient disposé le maître de poste à me servir promptement, et, de plus, je fus annoncé et recommandé par circulaire, ce qui était agréable et nécessaire au plus haut point; car j'avais oublié dans les charmants et paisibles entretiens de l'amitié que des flots de fuyards se précipitaient derrière moi, et, par malheur, je trouvai en chemin la troupe des émigrés, qui s'enfonçaient toujours plus dans l'Allemagne et pour lesquels les postillons n'étaient pas mieux disposés qu'aux bords du Rhin. Bien souvent, point de chemin battu : on courait de çà et de là, on se rencontrait, on se croisait. Bruyères et broussailles, tronçons de racines, sables, joncs et marécages : l'un aussi incommode, aussi triste que l'autre. On n'en sortait pas sans mauvaise humeur.

Une voiture se trouve arrêtée : Paul s'élance à terre et court à l'aide. Il imagine que les belles Françaises, qu'il a retrouvées à Dusseldorf dans la position la plus triste, ont de nouveau besoin de son assistance. La dame n'avait pas retrouvé son mari, et, dans son angoisse, entraînée par le désastreux tourbillon, elle s'était vue enfin jetée de l'autre côté du Rhin. Cependant ce ne fut pas elle qui nous apparut dans ce désert : quelques vieilles et respectables dames réclamaient notre secours. Mais, quand nous voulûmes obliger le postillon de s'arrêter et de venir avec ses chevaux au secours de cette voiture, il s'y refusa arrogamment et nous dit de songer sérieusement à la nôtre, assez chargée d'or et d'argent, et qui pourrait bien rester en chemin ou verser. Il avait pour nous les meilleures intentions, mais il ne resterait à aucun prix dans ce désert. Heureusement, pour tranquilliser notre conscience, une troupe de paysans westphaliens s'était rassemblée autour de la voiture, et un pourboire les décida à la remettre en bon chemin.

Pour notre voiture, c'était le fer seulement qui la rendait si pesante, et le précieux trésor que nous emportions était assez léger pour n'être pas remarqué dans la chaise la plus légère. Que je regrettais la mienne ! La supposition que celle-ci renfermait de grandes richesses me donnait une certaine inquiétude. Nous avions observé qu'un postillon ne manquait jamais de signaler à l'autre l'excessive pesanteur de notre équipage et ses soupçons d'argent et d'effets précieux. Annoncés d'avance par la circulaire, et n'arrivant pas juste à l'heure, à cause des mauvais chemins, nous étions poussés en avant à chaque station et jetés véritablement dans la nuit, tant qu'à la fin la circonstance inquiétante se présenta, où le postillon, dans les ténèbres, jura qu'il ne pouvait mener la barque plus loin et s'arrêta devant une maison forestière, isolée, dont la situation, l'architecture et les habitants auraient fait frissonner, même à la clarté d'un soleil magnifique. Les jours les plus nébuleux avaient au contraire leur charme : on évoquait le souvenir de ses amis, chez qui l'on avait trouvé l'intimité si douce; on les passait en revue avec amour et respect; on s'instruisait à leurs particularités; on s'édifiait à leurs vertus. Mais, quand la nuit était revenue, on se sentait de nouveau assiégé de mille inquiétudes dans une douloureuse situation. Cependant, si sombres que fussent nos pensées dans la dernière et la plus ténébreuse des nuits, elles devinrent tout à coup sereines, quand j'entrai dans la ville de Cassel, éclairée par des centaines de reverbères. A cet aspect se développèrent dans ma pensée tous les avantages de la vie sociale au sein d'une cité, le bien-être de chaque individu dans sa demeure éclairée à l'intérieur, et les commodes établissements pour la réception des étrangers. Ma joie fut cependant troublée pour quelques moments, quand j'arrivai devant l'auberge bien connue, sur la magnifique place royale, aussi claire que le jour : le domestique, qui était allé m'annoncer, revint avec la nouvelle qu'il n'y avait point de place. Comme je ne voulais pas me retirer, un garçon de l'hôtel s'avança vers ma portière et me fit des excuses en belles phrases françaises. Je lui réplique en bon allemand que je suis fort surpris qu'on refuse pendant la nuit l'hospitalité à un voyageur dans un si grand hôtel, dont je connais fort bien l'étendue. « Vous êtes Allemand, s'écrie-t-il. C'est autre chose! » Et sur-le-champ il fait entrer la voiture dans la cour. Après m'avoir conduit dans une chambre convenable, il me dit qu'il était bien résolu à ne plus recevoir aucun émigré. Leur conduite était arrogante au plus haut point; ils payaient chichement; au milieu de leur détresse, et quand ils ne savaient de quel côté se tourner, ils se comportaient toujours comme s'ils prenaient possession d'un pays conquis.

Je partis en paix; je trouvai moins de presse, moins de fuyards et d'hôtes imprévus sur le chemin d'Eisenach. J'arrivai à Weimar après minuit, et ce fut l'occasion d'une scène de famille, qui aurait pu égayer le roman le plus sombre.

Je trouvai déjà en grande partie habitable, réparée et meublée, la maison que le duc me destinait, et j'eus pourtant le plaisir de prendre part à l'achèvement. Les miens vinrent à moi sains et joyeux, et, quand on en vint aux récits, il parut un grand contraste entre la situation gaie et tranquille dans laquelle on s'était régalé des friandises envoyées de Verdun et les souffrances de tout genre que nous avions endurées, nous que l'on avait crus dans les joies du paradis. Notre intérieur paisible s'était égayé et enrichi : nous possédions Henri Meyer, en qualité de commensal, d'artiste, d'amateur et de collaborateur; il venait prendre une part active à nos études et à nos travaux.

Le théâtre de Weimar subsistait depuis le mois de mai 1791; la troupe avait passé l'été de cette année-là et celui de l'année précédente à Lauchstædt; elle avait pris de l'ensemble en répétant des pièces alors en vogue et qui pour la plupart avaient du mérite. Un reste de la troupe de Belluomo en faisait le fonds; c'étaient par conséquent des personnes accoutumées les unes aux autres; des artistes déjà formés, ou qui promettaient beaucoup, comblaient heureusement les vides.

On peut dire que dans ce temps-là il y avait

encore un métier de comédien, ce qui permettait aux artistes de théâtres éloignés de se mettre bientôt à l'unisson, surtout si l'on réussissait à enrôler des Bas-Allemands pour la récitation et des Hauts-Allemands pour le chant. Pour un début, le public pouvait donc être fort satisfait. Comme j'avais pris part à la direction, ce fut pour moi une occupation récréative de chercher doucement par quels moyens l'entreprise pourrait être menée plus loin. Je vis bientôt qu'une certaine technique pouvait naître de l'imitation, de la comparaison et de la routine; mais on manquait complètement de ce que j'oserais appeler grammaire, base indispensable toutefois, avant qu'on puisse arriver à la rhétorique et la poétique. Je me bornerai à dire ici que cette technique, qui s'approprie tout par la tradition, je m'efforçai de l'étudier et de la ramener à ses éléments, et ce que j'en avais bien saisi, je le faisais observer en détail sans invoquer des idées générales.

Ce qui favorisa surtout mon entreprise, c'est qu'on voyait alors régner sur la scène le ton de la nature ou de la conversation, qui est tout à fait convenable et digne d'éloges quand il se produit comme l'art accompli, comme une seconde nature, mais non si chacun s'imagine que, pour mériter les applaudissements, il lui suffit de produire sa propre individualité toute nue. Cependant je profitai pour mon objet de cette tendance, car je pouvais être bien content, si le naturel primitif se produisait avec liberté, pour se laisser conduire peu à peu à une culture plus élevée par certaines règles et certaines dispositions. Mais je ne puis en dire davantage, attendu que ce qui fut fait et exécuté se développa peu à peu de soi-même, et exigerait par conséquent un exposé historique.

Je dois cependant indiquer en peu de mots les circonstances qui favorisèrent le nouveau théâtre. Iffland et Kotzebue étaient arrivés à leur époque florissante; leurs pièces, pleines de naturel et de clarté, étaient dirigées, les unes contre les aises que se donne à bon droit la bourgeoisie, les autres contre la licence des mœurs; les deux sens étaient conformes à l'esprit du jour, et les pièces étaient bien accueillies; plusieurs, encore manuscrites, amusaient par le parfum puissant du moment qu'elles portaient avec elles. Schrœder, Babo, Ziegler, talents énergiques, fournirent un précieux contingent. Bretzner et Junger, à la même époque, donnèrent carrière, sans prétention à une gaieté facile; Hagemann et Hagemeister, talents incapables de durer, travaillaient aussi pour le moment, et, s'ils n'étaient pas admirés, ils étaient du moins bienvenus. Cette masse vivante, qui tournait en cercle, on s'efforça de lui imprimer un essor plus élevé à l'aide de Shakspeare, de Gozzi et de Schiller. On ne se borna plus à n'étudier que le nouveau pour l'oublier d'abord; on fut soigneux dans le choix, et l'on commença à préparer un répertoire, qui se maintint pendant nombre d'années.

Rappelons ici, en témoignage de notre gratitude, un homme qui nous aida à fonder ce théâtre, Fr. J. Fischer. C'était un vieil acteur qui connaissait son métier. Modéré, sans passions, satisfait de son sort, il se contentait de petits rôles. Il amena plusieurs acteurs de Prague, qui avaient son jeu, et il savait bien traiter les acteurs de l'endroit, ce qui faisait régner la paix dans tout le théâtre.

Nous profitâmes pour l'opéra des travaux de Dittersdorf. Il avait travaillé pour un théâtre privé avec succès, grâce à de l'humour et à une simplicité pleine de naturel. Ses productions avaient pris de la sorte une allure vive et aisée. Nous en profitâmes, parce que nous eûmes la sagesse de considérer notre nouveau théâtre comme une scène d'amateurs. Quant au texte, vers et prose, on se donna beaucoup de peine pour l'approprier davantage au goût de la Haute-Saxe; et ces légères marchandises trouvèrent ainsi des amateurs et des acheteurs. Les amis qui nous revinrent d'Italie nous firent goûter Paesiello, Cimarosa, Guglielmi; et Mozart enfin nous fit sentir l'influence de son génie. Si l'on réfléchit que, de tout cela, bien peu de chose était connu, que rien n'avait été mis en œuvre, on reconnaîtra que les débuts du théâtre de Weimar coïncidèrent avec l'époque de la rénovation du théâtre allemand, et qu'ils jouirent d'avantages qui durent manifestement donner une impulsion féconde au développement naturel et génétique de l'art dramatique en Allemagne.

Pour préparer l'étude et assurer la sécurité de la collection de pierres qui m'était confiée, je fis faire de suite deux élégantes boîtes rondes. Les pierres y furent placées de manière qu'on pût les voir toutes d'un coup d'œil et remarquer aussitôt la disparition de l'une d'elles. J'en fis prendre de nombreuses empreintes, en soufre et en plâtre. Nous les vérifiâmes au moyen de fortes lentilles. Nous nous procurâmes aussi des empreintes de collections plus anciennes, que nous nous mîmes à étudier. Nous nous facilitâmes sur cette base l'étude des pierres gravées, et fûmes ainsi à même d'apprécier petit à petit la valeur de la concession que nous avait accordée la chère princesse.

Aussi enregistrons-nous ici le résultat d'observations qui durèrent plusieurs années, car il nous sera difficile de reporter de sitôt notre attention sur ce point.

Au point de vue artistique, mes amis de Weimar avaient l'intime conviction que la plupart de ces pierres étaient de vrais monuments de l'art antique. Plusieurs d'entre elles pouvaient être comptées parmi les plus remarquables en ce genre. Quelques-unes étaient, comparées à d'anciens moulages de soufre, d'une identité frappante. Plusieurs présentaient le même dessin que d'autres pierres antiques et, malgré cela, pouvaient être regardées comme vraies. Dans les plus grandes collections, les mêmes dessins se trouvent répétés, et ce serait se tromper fort que d'appeler les uns des originaux et les autres des copies.

Il faut toujours avoir présente à l'esprit la noble fidélité plastique des anciens, qui ne se lassaient pas de reproduire de la même manière un sujet heureusement traité. Les artistes de l'antiquité croyaient avoir assez d'originalité quand ils se sentaient les capacités et le talent nécessaires pour saisir et reproduire à leur façon une idée originale. Plusieurs de ces pierres portaient aussi gravés des noms d'artistes fort estimés depuis longtemps. Quelque remarquable que soit cette addition, elle n'en reste pas moins le plus souvent l'objet d'un doute, car il est possible que la pierre soit ancienne et que le nom y ait été gravé récemment, pour donner une valeur de plus à ce qui en a déjà tant.

Nous nous abstenons ici de dresser un catalogue. La description de telles œuvres d'art, sans illustrations, ne donne pas d'idées nettes; cependant nous ne nous dispensons pas de donner sur les pierres les plus belles quelques indications générales.

Tête d'Hercule. — Admirable par le goût noble et aisé du travail, par la beauté des formes idéales, qui ne concordent pas complètement avec les autres têtes d'Hercule connues et contribuent par là à doubler la valeur merveilleuse de ce précieux monument.

Buste de Bacchus. — Un travail jeté sur la pierre comme d'un souffle, et, au point de vue des formes idéales, l'un des ouvrages les plus purs de l'antiquité. Dans plusieurs collections, on trouve des pièces semblables, et, si nous avons bonne mémoire, aussi bien en creux qu'en relief; mais nous n'en connaissons pas qui mérite d'être préférée à celle dont il s'agit ici.

Faune, qui veut ravir sa robe à une bacchante. — Composition excellente, qui n'est pas rare dans les anciens monuments; travail également bon.

Lyre renversée dont les pointes représentent deux dauphins, dont le corps ou, si l'on veut, le pied représente la tête de l'Amour couronnée de roses; elle forme un groupe coquet avec la panthère de Bacchus, tenant le thyrse dans sa patte antérieure. — L'exécution de cette pierre satisfait le connaisseur; celui qui aime les délicates allusions y trouvera aussi son compte.

Masque avec une longue barbe et une bouche largement ouverte; une branche de lierre ceint le front chauve. — Dans son genre, cette pierre est l'une des plus belles. Un autre *masque* à longue barbe et cheveux coquettement relevés et noués a une valeur tout aussi grande. Les creux y sont d'une rare profondeur.

Vénus donne à boire à l'Amour. — Un des groupes les plus aimables que l'on puisse voir, traité d'une manière ingénieuse, mais sans grandes traces de travail.

Cybèle, assise sur le lion. — Creux profond; ouvrage bien connu des amateurs par les empreintes qu'on trouve dans presque toutes les collections de moulages.

Géant qui arrache un griffon de son antre. — Œuvre d'une grande valeur artistique et peut-être unique comme dessin. La copie agrandie se trouve en tête du programme de Voss pour la *Revue littéraire générale d'Iéna,* 1804, volume IV. Nos lecteurs peuvent l'y voir.

Tête couverte d'un casque, de profil, à longue barbe. — C'est peut-être un masque; mais elle n'a rien qui touche à la caricature. Les traits du visage sont énergiques, héroïques. Le travail est très beau.

Homère, buste à gaine. — Presque complètement de face. Creux profond. Le poète est plus jeune que d'ordinaire, à peine au déclin de l'âge; aussi cette œuvre a du prix, non seulement du côté de l'art, mais aussi par le sujet.

Dans les collections de pierres gravées, on rencontre souvent la tête d'un vieillard vénérable, tête barbue et chevelue : on dit que c'est celle d'Aristophane. Une tête de ce genre, sauf quelques légères différences, se trouve dans notre collection, et vraiment c'est une des meilleures pièces.

Profil d'un inconnu. — On l'a probablement trouvée brisée au-dessus des sourcils, et on l'a récemment polie pour en faire un chaton de bague. Nous avons rarement vu le visage de l'homme représenté avec plus de grandeur et de vie sur le petit espace d'un camée; nous avons vu rarement un artiste déployer une puissance aussi illimitée.

Même sujet. *Tête d'inconnu sous une peau de lion.* — Elle était aussi brisée au-dessus de l'œil; on a mis de l'or à l'endroit défectueux.

Tête de vieillard pleine d'énergie et de vigueur, à cheveux ras. — Travail ingénieux, fait de main de maître. La barbe est d'une facture très hardie et peut-être unique en son genre.

Tête d'homme ou buste sans barbe; un bandeau ceint les cheveux, le vêtement à mille plis est attaché à l'épaule droite. — L'expression est spirituelle et forte; les traits sont ceux qu'on attribue à Jules-César.

Tête d'homme, également imberbe, la toge sur la tête, comme c'était d'usage dans les sacrifices. — C'est extraordinaire ce qu'il y a de vérité et de caractère dans cette figure, et, sans aucun doute, ce travail est vraiment antique et appartient à l'époque des premiers empereurs romains.

Buste d'une dame romaine. — Deux tresses de cheveux enroulés autour de la tête d'une exécution admirable de soin, caractère plein de vérité, d'aisance et de vie.

Petite tête couverte d'un casque, forte barbe, traits vigoureux et caractérisés, toute de face. — Travail estimable.

Pour terminer, citons encore une belle pierre moderne, la *tête de la Méduse* en magnifique cornaline. Elle ressemble à la méduse bien connue de Soficlès, à de légères différences près. C'est une des plus remarquables imitations des œuvres antiques : car, en dépit de ses mérites, il faut la considérer comme telle, vu qu'elle est traitée d'une manière moins libre, et qu'outre cela un N au-dessous de la ligne du cou révèle une œuvre de Natter lui-même.

Ces quelques mots suffisent à indiquer à de vrais connaisseurs la haute valeur de la collection louée par moi. Nous ignorons où elle se trouve à présent ; il ne serait pas impossible de le savoir, ce qui pousserait peut-être un riche ami de l'art à l'acquérir, si elle est à vendre.

Les amateurs des arts à Weimar en tirèrent tous les avantages possibles aussi longtemps qu'elle fut dans nos mains. Elle devint dès le même hiver un noble amusement pour la société éclairée qui se réunissait autour de la duchesse Amélie. On chercha à faire de solides progrès dans l'étude des pierres gravées, et ce désir fut favorisé par la bienveillance de l'excellente princesse qui les avait remises dans mes mains, car elle nous en permit la jouissance pendant plusieurs années. Toutefois, peu de temps avant sa mort, elle eut le plaisir de voir d'un coup d'œil toutes les pièces comme elle ne les avait jamais vues, rangées au complet, en belle ordonnance, dans deux cassettes où je les avais placées ; et son noble cœur put s'applaudir de la grande confiance qu'elle m'avait témoignée.

Nous considérâmes encore un autre côté de l'art. J'avais suffisamment observé les couleurs en diverses circonstances, et j'avais l'espoir de trouver à la fin le secret de leur harmonie, point de vue artistique qui m'avait poussé à ces recherches. Mon ami Meyer esquissa plusieurs tables où on les voyait tantôt en séries, tantôt en opposition pour les éprouver et les juger.

On en avait l'idée la plus nette dans certains détails de paysages. Le côté lumineux avait toujours le jaune et l'orange, le côté de l'ombre toujours le bleu et le rouge bleu ; mais la diversité des objets naturels y substituait souvent le brun vert et le bleu vert. Là aussi, de grands maîtres avaient déjà agi par leur exemple, plus que dans le domaine historique, où l'artiste, restant plutôt livré à lui-même pour le choix des couleurs des étoffes, a recours, dans sa perplexité, à l'usage et à la tradition, où, se laissant séduire par quelque symbole, il est détourné souvent de la vraie harmonie.

Je me sens pressé de quitter ces études plastiques, pour présenter encore quelques considérations sur mes rapports avec le théâtre : ce que je désirais d'abord éviter. On devait croire que je verrais dans les circonstances nouvelles une occasion excellente de travailler aussi pour notre nouveau théâtre, et en général pour la scène allemande; car, à voir les choses de près, entre les auteurs cités et leurs œuvres, il y avait mainte place vide qu'on aurait pu occuper; il y avait encore ample matière à pièces simples et naturelles, il n'y avait qu'à la mettre en œuvre; mais, pour m'expliquer sans réserve, mes premiers travaux dramatiques, appartenant à l'histoire universelle, étaient trop vastes pour convenir à la scène, et les derniers, consacrés aux sentiments les plus profonds, les plus intimes, furent d'abord assez froidement accueillis, à cause de leur forme trop sévère. Cependant je m'étais fait une certaine technique mitoyenne, qui aurait pu fournir au théâtre des ouvrages d'une gaieté mesurée; mais je me mépris sur le sujet, ou plutôt je fus subjugué et entraîné par le sujet le plus rebelle à la forme dramatique.

Dès l'année 1785, l'histoire du collier m'effraya comme aurait fait la tête de Méduse. Par cette entreprise téméraire, inouïe, je voyais la majesté royale menacée et bientôt anéantie, et tous les événements qui suivirent ne confirmèrent que trop ces affreux pressentiments. Je les emportai en Italie et les rapportai plus sombres encore. Heureusement, je pus encore achever mon *Tasse*; mais dès lors les événements contemporains s'emparèrent absolument de mon esprit. J'avais eu occasion pendant nombre d'années de maudire avec douleur les friponneries d'audacieux fantasques et d'hypocrites enthousiastes; j'avais vu avec surprise et dégoût l'aveuglement inconcevable d'hommes excellents en présence de ces téméraires importunités. Maintenant, les conséquences directes et indirectes de ces folies, je les voyais, avec un caractère criminel ou voisin du crime, aux prises avec la majesté royale, et toutes ensemble assez influentes pour ébranler le plus beau trône du monde.

Pour me procurer quelque consolation et quelque divertissement, je cherchai dans ces horreurs un côté plaisant. La forme de l'opéra-comique, que je considérais depuis longtemps comme une des plus heureuses pour l'exposition théâtrale, ne semblait pas non plus répugner aux sujets sérieux, comme on avait pu le voir par le *Roi Théodore*. Je commençai donc à traiter ce sujet en vers; Reichardt devait composer la musique. Les dispositions de quelques airs pour voix de basse ont été publiées; d'autres morceaux de musique, inintelligibles en dehors du contexte, furent laissés de côté; le passage dont on se promettait le plus d'effet ne fut pas achevé : la vue des esprits dans la boule de cristal devant le Cophte prophétisant pendant son sommeil devait surtout briller comme éblouissante finale.

Mais, comme l'ensemble n'était pas animé par un souffle de joie, l'entreprise avorta, et, pour ne pas perdre ma peine, j'écrivis une pièce en prose [1], dont les principaux rôles trouvaient leurs analogues dans le personnel du nouveau théâtre, et ces artistes s'acquittèrent de leur tâche dans une représentation très soignée. Mais la pièce choqua d'autant plus qu'elle fut mieux jouée. Un sujet hor-

---

1. Le *Grand Cophte*.

rible et absurde à la fois, traité avec audace et sans ménagement, effraya tout le monde; les cœurs ne répondirent pas; le modèle, presque contemporain, rendit l'impression encore plus dure, et, certaines liaisons secrètes se croyant trop peu ménagées, une grande et respectable partie du public fut mécontente; ajoutons que la délicatesse des femmes fut choquée d'une audacieuse aventure d'amour.

J'avais toujours été indifférent à l'effet immédiat de mes ouvrages, et, cette fois encore, je vis sans m'émouvoir que celui-ci, auquel j'avais consacré tant d'années, n'obtenait aucune approbation. J'éprouvais au contraire à part moi une maligne joie, quand certains hommes, que j'avais vus assez souvent trompés, assuraient hardiment que nul ne pouvait être la dupe d'une si grossière tromperie. Cependant je ne tirai de l'événement aucune leçon. Ce qui occupait mon esprit m'apparaissait toujours sous forme dramatique, et, de même que l'histoire du collier m'avait saisi comme un sombre pressentiment, la Révolution me parut la réalité la plus terrible; je voyais le trône renversé et brisé, une grande nation jetée hors de ses voies, et, après notre malheureuse campagne, le monde entier bouleversé à son tour. Oppressé de ces tristes pensées, j'avais la douleur d'observer que, dans notre patrie, on jouait avec des sentiments qui nous préparaient le même sort. Je connaissais assez de nobles cœurs qui se livraient dans leurs rêveries à certaines espérances et certaines perspectives, sans comprendre ni ces choses ni eux-mêmes, tandis que des hommes pervers s'efforçaient d'exciter, d'augmenter et de mettre à profit des mécontentements amers.

Comme témoignage de ma gaieté chagrine, je fis jouer le *Citoyen général*, et j'y fus entraîné par un acteur nommé Beck, qui représentait avec un talent particulier le rôle de Schnaps dans les *Deux Billets*, imités de Florian, car, dans ce rôle, ses défauts même lui allaient bien. Comme ce masque lui allait très bien, on produisit une petite pièce bien applaudie, l'*Arbre généalogique* d'Antoine Wall; comme j'avais également consacré une grande attention aux répétitions et à la représentation de cette petite pièce, il était immanquable que je m'engouerais de cet amusant Schnaps. Il me prit fantaisie de le produire de nouveau. Cela eut lieu. Le porte-manteau qui renfermait tant de choses était réellement français. Paul l'avait attrapé et emporté dans notre fuite. Dans la scène principale, Malkolmi jouait d'une manière inimitable le rôle du vieux paysan, riche et bienveillant qui se permet aussi une fois, par plaisanterie, un excès d'outrecuidance; il rivalisa avec Beck de vérité, de justesse et de naturel. Mais tout fut inutile; la pièce produisit la plus fâcheuse impression, même chez mes amis et mes partisans, qui se crurent obligés, pour eux et pour moi, de soutenir obstinément que je n'en étais pas l'auteur; que seulement, par fantaisie, j'avais prêté mon nom et ajouté quelques traits de plume à cette production très inférieure.

Mais, comme un fait extérieur ne put jamais me détourner de moi-même et me refoulait au contraire toujours plus en moi, ces peintures de l'esprit du temps continuèrent d'être pour moi une occupation consolante. Les *Entretiens d'émigrés allemands*, essai fragmentaire ; les *Révoltés*, pièce inachevée, sont autant de témoignages des sentiments dont j'étais alors animé; et, plus tard, *Hermann et Dorothée* coula aussi de la même source, qui finit naturellement par tarir. Le poète ne put suivre dans leur course les révolutions de l'histoire du monde, et, pour lui comme pour son public, il dut s'abstenir de conclure, quand il vit l'énigme se résoudre d'une manière aussi prononcée qu'inattendue.

Sous de telles influences, je souffrais plus vivement que personne, à une si grande distance du véritable théâtre des calamités ; le monde me paraissait plus sanglant, plus altéré de sang que jamais. Si la vie d'un roi doit plus compter dans une bataille que celle de milliers d'hommes, elle est bien plus considérable encore dans une lutte juridique. Un roi subit une accusation capitale, et cela fait circuler des idées et traiter des questions pour l'assoupissement desquelles la royauté s'était hardiment mise en jeu bien des siècles auparavant. Ne voyant plus dans le monde qu'indignités, je cherchais un nouveau refuge contre ces abominations, quand la bonne fortune fit tomber dans mes mains le *Roman du Renard*. Rassasié jusqu'à l'horreur des scènes de rues, de carrefours et de populace, je trouvai un véritable divertissement à regarder dans le miroir de la cour et des princes : car, si le genre humain s'y montre encore, tout naturellement, dans sa naïve brutalité, tout se passe, sinon d'une manière exemplaire, du moins joyeusement, et nulle part la bonne humeur n'est troublée. Pour jouir intimement de ce précieux ouvrage, j'en commençai aussitôt une fidèle imitation. Voici comment je fus engagé à l'écrire en hexamètres.

Depuis longtemps, à l'imitation de Klopstock, on écrivait en Allemagne des hexamètres fort négligés. Voss, en se servant de cette forme, fit remarquer çà et là qu'on pouvait y mettre plus de soin ; il ne ménageait pas même ses propres travaux et ses traductions, qui étaient pourtant bien reçus du public. J'aurais voulu apprendre aussi le procédé, mais je ne pouvais y réussir. Sur ce point, Herder et Wieland se donnaient plus de latitude ; on osait à peine faire mention des travaux de Voss, qui paraissaient de jour en jour plus rigoureux et, pour le moment, sans souplesse. Le public lui-même préféra longtemps les premiers ouvrages de Voss, comme plus coulants. Pour moi, j'avais toujours une secrète confiance dans ce poète, dont on ne pouvait méconnaître le talent sérieux, et, si j'avais été plus jeune ou dans une autre position, j'aurais fait volontiers le voyage d'Eutin pour apprendre son secret : car, par une louable piété envers Klopstock, il ne voulut jamais dire en face à l'illustre et vénérable poète qu'il fallait introduire dans la rythmique allemande une plus sévère discipline, si l'on voulait qu'elle eût une base solide. Cependant les indications qu'il donnait étaient pour moi des oracles sibyllins. Je me souviens encore à quel point je me suis autrefois torturé l'esprit sur la préface des *Géorgiques*, et je m'en souviens avec plaisir à cause de mes bonnes intentions, mais non du profit que j'en ai pu tirer.

Or, comme je savais fort bien que, chez moi, toute culture ne pouvait être que pratique, je saisis l'occasion d'écrire de suite quelques milliers d'hexamètres, auxquels le mérite du fond assurerait un favorable accueil, la forme dût-elle être imparfaite. Ce qui donnerait prise à la critique finirait toujours par s'arranger. Je consacrai donc toutes mes heures de loisir à un travail qui portait déjà en lui sa récompense; et cependant je continuais de bâtir, de meubler, sans songer à ce que je deviendrais, bien qu'il me fût très facile de le prévoir.

Nous étions fort éloignés du théâtre des grands événements; cependant nous vîmes paraître dès cet hiver des fugitifs, avant-coureurs de nos voisins de l'Ouest, chassés de leur patrie. Ils semblaient être à la recherche d'un séjour policé, où ils trouveraient bon accueil et protection. Ils ne firent que passer, mais ils surent tellement nous intéresser à leur sort par leur noble conduite, leur patiente sérénité, leur résignation, leur activité pour subvenir à leurs besoins, que ce petit nombre nous fit oublier les défauts de la masse et changea la répugnance en faveur décidée. Cela tourna à l'avantage de ceux qui les suivirent et qui s'établirent plus tard en Thuringe. Il me suffira de citer dans le nombre Mounier et Camille Jordan, pour justifier l'idée favorable qu'on s'était faite de toute la colonie, qui, sans égaler ces hommes éminents, du moins ne s'en montra pas indigne.

Au reste, on peut remarquer ici que, dans toutes les grandes crises politiques, les spectateurs dont la situation est la meilleure sont ceux qui prennent parti : ce qui leur est véritablement favorable, ils s'en emparent avec joie; ce qui leur est défavorable, ils l'ignorent ou l'expliquent même à leur avantage. Mais le poète, qui, par sa nature, doit être et rester impartial, cherche à se pénétrer des passions des deux partis en lutte, et, si un moyen terme devient impossible, il doit se résoudre à faire une fin tragique. Et de quel cycle de tragédies n'étions-nous pas menacés par le furieux ébranlement du monde!

Qui n'avait songé avec horreur dès ses jeunes années à l'histoire de 1649? Qui n'avait frémi du supplice de Charles Ier, et n'avait trouvé quelque consolation dans l'espérance que de pareilles scènes de la fureur des partis ne pourraient plus se renouveler? Et tout cela se répétait maintenant, avec de nouvelles horreurs, chez nos voisins, chez la nation la plus polie, et comme sous nos yeux, jour par jour, pas à pas! Qu'on imagine quels mois de décembre et de janvier passèrent ceux qui s'étaient mis en campagne pour sauver le roi, et qui ne pouvaient maintenant intervenir dans son procès, empêcher l'exécution de la condamnation à mort!

Francfort était retombé dans les mains des Allemands. On faisait à la hâte tous les préparatifs possibles pour reconquérir Mayence. On s'était approché de la ville et l'on avait occupé Hochheim; Kœnigstein avait dû se rendre. Il était nécessaire avant tout de délivrer nos derrières par une expédition sur la rive gauche. On s'avança donc en longeant le Taunus sur Idstein, et, par le couvent de Schœnau, sur Caub, puis, par un solide pont de bateaux, sur Bacharach. De là, une suite d'affaires d'avant-postes forcèrent l'ennemi à la retraite. On laissa à droite le Hundsruck proprement dit, on marcha sur Stromberg, où le général Neuwinger fut fait prisonnier. On gagna Kreuznach et l'on nettoya le coin de pays entre la Nahe et le Rhin; après quoi, on s'avança avec sûreté vers le fleuve. Les Impériaux avaient passé le Rhin près de Spire, et, dès le 14 avril, on put investir Mayence et faire sentir aux habitants la disette comme précurseur de plus grands maux.

Je reçus cette nouvelle en même temps que l'invitation de rejoindre, pour prendre part à une souffrance stationnaire, comme j'avais fait à une souffrance mobile. L'investissement était achevé; le siège ne pouvait tarder à s'ouvrir. Ce ne fut pas sans une grande répugnance que je m'approchai une seconde fois du théâtre de la guerre, comme peuvent s'en convaincre ceux qui jetteront les yeux sur la deuxième estampe gravée d'après mes esquisses. Elle reproduit un dessin à la plume, que j'avais fait soigneusement peu de jours avant mon départ : dans quels sentiments, c'est ce que feront connaître les quelques rimes que ce dessin m'avait inspirées :

> Nous voilà donc au logis sans alarmes !
> De porte à porte, oh! coup d'œil plein de charmes !
> L'artiste heureux jette les yeux là-bas,
> Où de la vie il voit le doux tracas.
> S'il faut courir à la rive lointaine,
> Ici toujours le désir nous ramène :
> Le monde est beau, mais nous rêvons toujours
> Au petit coin, nos uniques amours.

Coulommiers. — Typ. P. BRODARD et GALLOIS.

LIBRAIRIE HACHETTE ET Cie
Boulevard Saint-Germain, 79, à Paris

NOUVELLE COLLECTION
DE CLASSIQUES
GRECS, LATINS, FRANÇAIS ET ÉTRANGERS
A L'USAGE DES ÉLÈVES
Format petit in-16 cartonné
(LES NOMS DES ANNOTATEURS SONT INDIQUÉS ENTRE PARENTHÈSES)

LANGUE GRECQUE

Aristophane : *Morceaux choisis* (Poyard) . . . . 2 fr.
Aristote : *Morale à Nicomaque*, 8ᵉ liv. (Lucien Lévy) . . 1 fr.
— *Morale à Nicomaque*, 10ᵉ liv. (Hannequin) . . . . . 1 fr. 50 c.
— *Poétique* (Egger, membre de l'Institut) . . . . 1 fr.
Démosthène : *Discours de la couronne, ou pour Ctésiphon* (Weil, membre de l'Institut) . . . . 1 fr. 25 c.
— *Les quatre philippiques* (Weil) . . . . 1 fr.
— *Les trois olynthiennes* (Weil) . . . . 60 c.
— *Sept philippiques* (Weil) . . . . 1 fr. 50 c.
Denys d'Halicarnasse : *Lettre à Ammée* (Weil) . . . . 60 c.
Élien : *Morceaux choisis* (J. Lemaire) . . . . 1 fr. 10 c.
Épictète : *Manuel* (Thurot, membre de l'Institut) . . . 1 fr.
Eschyle : *Morceaux choisis* (Weil) . . . . 1 fr. 60 c.
— *Prométhée enchaîné* (Weil) . . . . 1 fr.
— *Les Perses* (Weil) . . . . 1 fr.
Euripide : *Théâtre* (Weil) : *Alceste; Électre; Hécube; Hippolyte; Iphigénie à Aulis; Iphigénie en Tauride*. Chaque tragédie. 1 fr.
— *Morceaux choisis* (Weil) . . . . 2 fr.
Hérodote : *Morceaux choisis* (Tournier, maître de conférences à l'École normale supérieure, et Desrousseaux) . . . . 2 fr.
Homère : *Iliade* (A. Pierron) . . . . 3 fr. 50 c.
— *Odyssée, chants* I, II, VI, XI, XII, XXII, XXIII . chacun 25 c.
— *Morceaux choisis de l'Iliade* (A. Pierron) . . . . . 1 fr. 60 c.
Lucien : *De la manière d'écrire l'histoire* (A. Lehugeur) . 75 c.
— *Le songe ou le coq* (Desrousseaux) . . . . 1 fr.
— *Dialogues des morts* (Tournier et Desrousseaux) . . 1 fr. 50 c.
— *Morceaux choisis* (E. Talbot, prof. au lycée Condorcet) . 2 fr.
Platon : *Criton* (Ch. Waddington, professeur à la Faculté des lettres de Paris) . . . . 50 c.
— *République*, vɪᵉ livre (Aubé) . . . . 1 fr. 50 c.
— *République*, vɪɪᵉ livre (Aubé) . . . . 1 fr. 50 c.
— *République*, vɪɪɪᵉ livre (Aubé) . . . . 1 fr. 50 c.
— *Morceaux choisis* (Poyard) . . . . 2 fr.
Plutarque : *Vie de Cicéron* (Graux) . . . . 1 fr.
— *Vie de Démosthène* (Graux) . . . . 1 fr.
— *Morceaux choisis des biographies* (Talbot), 2 vol. : 1° les Grecs illustres, 1 vol., 2 fr.; 2° les Romains illustres, 1 vol. . . 2 fr.
— *Morceaux choisis des Œuvres morales* (V. Bétolaud) . 2 fr.
Sophocle : *Théâtre* (Tournier) : *Ajax; Antigone; Électre; Œdipe roi; Œdipe à Colone; Philoctète; Trachiniennes*. Chaque tragédie . . . . 1 fr.
— *Morceaux choisis du théâtre* (Tournier) . . . . . . 2 fr.

Thucydide : *Morceaux choisis* (Croiset, maître de conférences à la Faculté des lettres de Paris) . . . . 2 fr.
Xénophon : *Économique* (Graux et Jacob) . . . . . 1 fr. 50 c.
— *Mémorables*, livre I (Lebègue) . . . . 1 fr.
— *Extraits des Mémorables* (Jacob) . . . . 1 fr. 50 c.
— *Morceaux choisis* (de Parnajon) . . . . 2 fr.

LANGUE LATINE

Cicéron : *Extraits des principaux discours* (F. Ragon) . 2 fr. 50 c.
— *Extraits des ouvrages de rhétorique* (V. Cucheval, professeur de rhétorique au lycée Condorcet) . . . . 2 fr.
— *Choix de lettres* (V. Cucheval) . . . . 2 fr.
— *De amicitia* (E. Charles, recteur de l'Académie de Lyon) . 50 c.
— *De finibus libri I et II* (E. Charles) . . . . . . 1 fr. 50 c.
— *De legibus liber I* (Lucien Lévy) . . . . 75 c.
— *De natura deorum, liber II* (Thiaucourt) . . . . 1 fr. 50 c.
— *De re publica* (E. Charles) . . . . 1 fr. 50 c.
— *De senectute* (E. Charles) . . . . 40 c.
— *De suppliciis* (E. Thomas) . . . . 1 fr. 50 c.
— *De signis* (E. Thomas) . . . . 1 fr. 50 c.
— *In M. Antonium philippica secunda* (Gantrelle) . . . 1 fr.
— *In Catilinam orationes quatuor* (A. Noël) . . . . . 60 c.
— *Orator* (C. Aubert) . . . . 1 fr.
— *Pro Archia poeta* (E. Thomas) . . . . 30 c.
— *Pro lege Manilia* (A. Noël) . . . . 30 c.
— *Pro Ligario* (A. Noël) . . . . 30 c.
— *Pro Marcello* (A. Noël) . . . . 30 c.
— *Pro Milone* (A. Noël) . . . . 40 c.
— *Pro Murena* (A. Noël) . . . . 40 c.
— *Somnium Scipionis* (V. Cucheval) . . . . 30 c.
Cornelius Nepos (Monginot, prof. au lycée Condorcet) . 90 c.
Elégiaques romains (Extraits des) (A. Waltz) . . . 1 fr. 80 c.
Heuzet : *Selectæ e profanis scriptoribus* (Lemaire) . 1 fr. 75 c.
Horace : *De arte poetica* (Maurice Albert) . . . . . . 60 c.
Jouvency : *Appendix de diis et heroibus* (Edeline) . . 70 c.
Lhomond : *De viris illustribus Romæ* (Chaîne) . . . 1 fr. 10 c.
— *Epitome historiæ sacræ* (A. Pressard) . . . . . . 60 c.
Lucrèce : *De la Nature*, 5º livre (Benoist et Lantoine) . 90 c.
— *Morceaux choisis* (Poyard) . . . . 1 fr. 50 c.
Ovide : *Morceaux choisis des Métamorphoses* (Armengaud) . 1 fr. 80
Pères de l'Eglise latine (Nourrisson) . . . . 2 fr. 25 c.
Phèdre : *Fables* (E. Talbert) . . . . 80 c.
Plaute : *La marmite* (*Aulularia*) (Benoist) . . . . . 80 c.
— *Morceaux choisis* (Benoist) . . . . 2 fr.
Pline le Jeune : *Choix de lettres* (Waltz) . . . . . 1 fr. 80 c.
Quinte-Curce (Dosson) . . . . 2 fr. 25 c.
Quintilien : *Institutions oratoires*, Xº livre (Dosson) . 1 fr. 50 c.
Salluste (Lallier) . . . . 1 fr. 80 c.
Sénèque : *De vita beata* (Delaunay) . . . . 75 c.
— *Lettres à Lucilius, I à XVI* (Aubé) . . . . 75 c.
Tacite : *Annales* (E. Jacob, prof. au lycée Louis-le-Grand) 2 fr. 50 c.
— *Histoires*, liv. I et II (Goelzer) . . . . 1 fr. 80 c.
— *Vie d'Agricola* (E. Jacob) . . . . 75 c.
Térence : *Adelphes* (Psichari et Benoist) . . . . . . 80 c.
Tite-Live : *Livres X XI et XXII* (Riemann et Benoist) . 2 fr.
— *Livres XXIII, XXIV et XXV* . . . . 2 fr. 25 c.
— *Livres XXVI à XXX* . . . . » »
Virgile : *Œuvres* (Benoist) . . . . 2 fr. 25 c.

LANGUE FRANÇAISE

Boileau : *Œuvres poétiques* (E. Geruzez) . . . . . 1 fr. 50 c.
— *L'Art poétique*, séparément . . . . 40 c.
Bossuet : *Connaissance de Dieu* (de Lens) . . . . . 1 fr. 60 c.
— *Sermons choisis* (Rébelliau) . . . . 3 fr.
Buffon : *Discours sur le style* (E. Dupré) . . . . . . 30 c.
— *Morceaux choisis* (E. Dupré) . . . . 1 fr. 50 c.
Chanson de Roland et Joinville *Extraits* (G. Paris). 2 fr. 50 c.
Condillac : *Traité des sensations, liv. I* (Charpentier). 1 fr. 50 c.
Corneille : *Cinna* (Petit de Julleville) . . . . 1 fr.
— *Horace* (Petit de Julleville) . . . . 1 fr.
— *Le Cid* (Petit de Julleville) . . . . 1 fr.
— *Nicomède* (Petit de Julleville) . . . . 1 fr.
— *Le Menteur* (Lavigne) . . . . 1 fr.
— *Polyeucte* (Petit de Julleville) . . . . 1 fr.
Descartes : *Discours de la méthode; première méditation* (Charpentier, professeur au lycée Louis-le-Grand) . . . 1 fr. 50 c.
— *Principes de la philosophie, 1re partie* (Charpentier). 1 fr. 50 c.
Fénelon : *Fables* (Ad. Regnier, de l'Institut) . . . . 75 c.
— *Sermon pour la fête de l'Epiphanie* (G. Merlet) . . . 60 c.
— *Télémaque* (A. Chassang) . . . . 1 fr. 80 c.
Florian : *Fables* (Geruzez) . . . . 75 c.
Joinville : *Histoire de saint Louis* (Natalis de Wailly, membre de l'Institut) . . . . 2 fr.
— *Extraits*, voy. *Chanson de Roland*.
La Fontaine : *Fables* (E. Geruzez) . . . . 1 fr. 60 c.
Lamartine : *Morceaux choisis* . . . . 2 fr.
Leibniz : *Extraits de la Théodicée* (P. Janet) . . . . 2 fr. 50 c.
— *Monadologie* (H. Lachelier) . . . . 1 fr.
— *Nouveaux Essais* (Lachelier) . . . . 1 fr. 75 c.
Malebranche : *De la recherche de la vérité, liv. II : de l'Imagination* (Thamin) . . . . 1 fr. 50 c.
Molière : *L'Avare* (Lavigne) . . . . 1 fr.
— *Le Tartufe* (Lavigne) . . . . 1 fr.
— *Le Misanthrope* (Lavigne) . . . . 1 fr.
— *Les Femmes savantes* (Larroumet) . . . . » »
Pascal : *Opuscules* (C. Jourdain) . . . . 75 c.
— *Opuscules philosophiques* (Adam) . . . . 1 fr. 50
Racine : *Andromaque* (Lavigne) . . . . 75 c.
— *Athalie* (Lanson) . . . . » »
— *Britannicus* (Lanson) . . . . 1 fr.
— *Esther* (Lanson) . . . . 1 fr.
— *Iphigénie* (Lanson) . . . . 1 fr.
— *Les Plaideurs* (Lavigne) . . . . 75 c.
— *Mithridate* (Lanson) . . . . 1 fr.
Sévigné : *Lettres choisies* (Ad. Regnier, de l'Institut) . 1 fr. 80 c.
Théâtre classique (Ad. Regnier, de l'Institut) . . . . 3 fr.
Voltaire : *Choix de lettres* (Brunel) . . . . 2 fr. 25 c.

LANGUE ALLEMANDE

Auerbach : *Récits villageois de la Forêt-Noire* (B. Lévy) . 3 fr.
Benedix : *Le procès* (Lange) . . . . 60 c.
— *L'entêtement* (Lange) . . . . 60 c.
Chamisso : *Pierre Schlemihl* (Koell) . . . . 1 fr.
Contes et Morceaux choisis de Schmid, Krummacher, Liebeskind, Lichtwer, Hebel, Herder et Campe (Scherdlin, professeur au lycée Charlemagne) . . . . 1 fr. 50 c.

Contes populaires tirés de Grimm, Musæus, Andersen et des *Feuilles de palmier* par Herder et Liebeskind (Scherdlin). . . . . 2 fr. 50 c.
Gœthe : *Iphigénie en Tauride* (B. Lévy). . . . . . . 1 fr. 50 c.
— *Campagne de France* (B. Lévy). . . . . 1 fr. 50 c.
— *Faust*, 1ʳᵉ partie (Büchner). . . . . 2 fr.
— *Le Tasse* (B. Lévy). . . . . 1 fr. 80 c.
— *Morceaux choisis* (B. Lévy). . . . . 3 fr.
Hoffmann : *Le tonnelier de Nuremberg* (Bauer). . . 2 fr.
Kleist (de) : *Michael Kohlhaas* (Koch). . . . . 1 fr.
Kotzebue : *La petite ville allemande* (Bailly). . . . 1 fr. 50 c.
Lessing : *Laocoon* (B. Lévy). . . . . 2 fr.
— *Extraits des lettres sur la littérature moderne et des lettres archéologiques* (Cottler, professeur au lycée Charlemagne). 2 fr.
— *Extraits de la Dramaturgie* (Cottler). . . . . . . 1 fr. 50 c.
— *Minna de Barnhelm* (B. Lévy). . . . . 1 fr. 50 c.
Niebuhr : *Histoires tirées des temps héroïques de la Grèce* (Koch, professeur au lycée Saint-Louis). . . 1 fr. 50 c.
Schiller : *Guerre de Trente Ans* (Schmidt et Leclaire). 2 fr. 50 c.
— *Guillaume Tell* (Fix). . . . . 1 fr. 50 c.
— *Histoire de la révolte des Pays-Bas* (Lange). . . 2 fr. 50 c.
— *Jeanne d'Arc* (Bailly). . . . . 2 fr. 50 c.
— *La Fiancée de Messine* (Scherdlin). . . . . 1 fr. 50 c.
— *Wallenstein*, poème dramatique en 3 parties (Cottler). 2 fr. 50 c.
— *Oncle et Neveu* (Briois, professeur au lycée de Rouen). . 1 fr.
— *Morceaux choisis* (B. Lévy). . . . . 3 fr.
Schiller et Gœthe : *Correspondance* (B. Lévy). . . 3 fr.
Schmid : *Cent petits contes* (Scherdlin). . . . . . . 1 fr. 50 c.
— *Les Œufs de Pâques* (Scherdlin). . . . . 1 fr. 25 c.

LANGUE ANGLAISE

Byron : *Childe Harold* (E. Chasles). . . . . 2 fr.
Cook : *Extraits des Voyages* (Angellier). . . . . . . 2 fr.
Edgeworth : *Forester* (Al. Beljame). . . . . 1 fr. 50 c.
— *Contes choisis* (Motheré, prof. au lycée Charlemagne). 2 fr.
Eliot (G.) : *Silas Marner* (A. Malfroy). . . . . 2 fr. 50 c.
Foë (Daniel de) : *Robinson Crusoé* (Al. Beljame). . 1 fr. 50 c.
Franklin : *Autobiographie* (E. Fiévet). . . . . 1 fr. 50 c.
Goldsmith : *Le vicaire de Wakefield* (A. Beljame). 1 fr. 50 c.
— *Le Voyageur ; le Village abandonné* (Motheré). 75 c.
— *Essais choisis* (Mac Enery, prof. au lycée Condorcet). 1 fr. 50 c.
Gray : *Choix de poésies* (Legouis). . . . . 1 fr. 50 c.
Irving (Washington) : *La vie et les voyages de Christophe Colomb* (E. Chasles). . . . . 2 fr.
Macaulay : *Morceaux choisis des Essais* (Beljame). 2 fr. 50 c.
— *Morceaux choisis de l'Histoire d'Angleterre* (Battier). 2 fr. 50 c.
Milton : *Le Paradis perdu, livres I et II* (Beljame). 90 c.
Pope : *Essai sur la critique* (Motheré). . . . . 75 c.
Shakespeare : *Jules César* (C. Fleming). . . . . . . 1 fr. 25 c.
— *Henri VIII* (Morel, prof. au lycée Louis-le-Grand) 1 fr. 25 c.
— *Othello* (Morel). . . . . 1 fr. 80 c.
Swift : *Les voyages de Gulliver* (E. Fiévet). . . . . 1 fr. 80 c.
Tennyson : *Enoch Arden* (Beljame). . . . . »
Walter Scott : *Extraits des Contes d'un grand-père* (Talandier, ancien professeur au lycée Henri IV). . 1 fr. 50 c.
— *Morceaux choisis* (Battier). . . . . 3 fr.

Coulommiers. — Typ. P. BRODARD et GALLOIS.

LIBRAIRIE HACHETTE ET Cⁱᵉ
TRADUCTIONS FRANÇAISES
D'AUTEURS CLASSIQUES ALLEMANDS

(Le nom du traducteur est entre parenthèses.)

Auerbach. *Récits villageois de la Forêt-Noire* (M. Lang), sans le texte. 1 vol. petit in-16. . . . . 3 fr. 50
Benedix. *Le Procès* (Mᵐᵉ Boullenot), avec le texte. 1 vol. in-16, broché. . . . . 75 c.
— *L'Entêtement* (M. Lang), avec le texte. 1 vol. in-16, broché. 75 c.
Chamisso. *Pierre Schlemihl*, traduction, sans le texte. 1 vol. petit in-16, broché. . . . . 1 fr.
Goethe. *Campagne de France* (M. Porchat), sans le texte. 1 vol. petit in-16, broché. . . . . 2 fr.
— *Faust*, 1ʳᵉ partie (M. Porchat), revue par M. Buchner, sans le texte. 1 vol. petit in-16, broché. . . . . 2 fr.
— *Hermann et Dorothée* (M. B. Lévy), avec le texte. 1 vol. in-16, broché. 1 fr. 50
— *Iphigénie en Tauride* (M. B. Lévy), avec le texte. 1 vol. in-16, broché. 2 fr.
— *Le Tasse* (M. Jacques Porchat), avec le texte. 1 vol. in-16, broché. . . . . 2 fr.
Hauff. *Lichtenstein* (M. de Suckau). 1 vol. in-16. . . 1 fr. 25
Krummacher. *Paraboles* (l'abbé Bautain), sans le texte. 1 vol. in-16, broché. 1 fr. 75
Lessing. *Dramaturgie de Hambourg*. Extraits de M. Cotteer (M. Desfeuilles), avec le texte. 1 vol. in-16, broché. . . 3 fr.
— *Lettres sur la littérature moderne et lettres archéologiques* (M. Cottleen), sans le texte. 1 vol. petit in-16. . . . . . 2 fr. 50
— *Laocoon* (M. Countin), sans le texte. 1 vol. petit in-16, br. 2 fr.
— *Minna de Barnhelm* (M. Lang), sans le texte. 1 vol. petit in-16, broché. 2 fr.
Niebuhr. *Histoires tirées des temps héroïques de la Grèce* (Mᵐᵉ Koch), avec le texte. 1 vol. in-16, broché. . . . . . . 1 fr. 75
Schiller. *Histoire de la guerre de Trente ans* (M. Ad. Regnier), sans le texte. 1 vol. in-16, broché. . . . . 3 fr. 50
— *Histoire de la révolte des Pays-Bas* (M. Ad. Regnier), sans le texte. 1 vol. petit in-16, broché. . . . . 3 fr.
— *Jeanne d'Arc* (M. Ad. Regnier), sans le texte. 1 vol. petit in-16, broché. 2 fr.
— *Guillaume Tell* (M. Fix), avec le texte. 1 vol. in-16, broc. 2 fr. 50
— *La Fiancée de Messine* (M. Ad. Regnier), avec le texte. 1 vol. in-16, broché. . . . . 3 fr.
— *Marie Stuart* (M. Fix), avec le texte. 1 vol. in-16, broché 4 fr.
— *Wallenstein*, poëme en trois parties (M. Ad. Regnier), sans le texte. 1 vol. petit in-16, broché. . . . . 3 fr.
Schiller et Goethe. *Extraits de leur correspondance* (M. B. Lévy), sans le texte. 1 vol. petit in-16, broché. . . . . . . 3 fr. 50
Schmid. *Cent petits contes* (M. Scherdlin), avec le texte. 1 vol. in-16, broché. . . . . 2 fr.

Coulommiers. — Imp. P. Brodard et Gallois.

www.ingramcontent.com/pod-product-compliance
Lightning Source LLC
Chambersburg PA
CBHW060130170426
43198CB00010B/1112